Wer sind
diese Kinder
und warum
sagen sie Mama
zu mir?

Daniela Oefelein

Wer sind diese Kinder und warum sagen sie Mama zu mir?

Was am Elternsein so beschissen schön ist

Kösel

Verlagsgruppe Random House FSC®-DEU-0100
Das für dieses Buch verwendete FSC®-zertifizierte Papier *Classic 95*
liefert Stora Enso, Finnland.

Copyright © 2015 Kösel-Verlag, München,
in der Verlagsgruppe Random House GmbH
Umschlag: Weiss Werkstatt, München
Umschlagmotiv: plainpicture/vonwegener.de
Druck und Bindung: GGP Media GmbH, Pößneck
Printed in Germany
ISBN 978-3-466-31051-7

www.koesel.de

Inhalt

- 7 Gebrauchsanleitung für dieses Buch
- 9 Vorspann
- 17 Was bisher geschah – das Leben vor Mama
- 25 Die Geburt und der lange Weg dorthin
- 44 Geschwisterliebe oder -hiebe?
- 60 Die gute Figur – eine miese Verräterin!
- 65 Wohlverzogen: Die Sache mit der Erziehung
- 99 Der Piesler – von Anfang an fremdbestimmt
- 102 (Un-)Endlich Mama
- 131 Übersorgen!
- 138 Die Schlacht um Betreuungsplätze
- 144 Problemzonen des Haushalts
- 153 Oje, ich habe ein Schulkind – warum hat mich keiner gewarnt?
- 164 Work-Life – und nichts in Balance!
- 175 Abspann
- 179 Outtake
- 187 Danksagung

Gebrauchsanleitung für dieses Buch

Was Sie unbedingt vor Gebrauch dieses Buches wissen sollten: Ich habe nicht vor, hiermit Literaturgeschichte zu schreiben. Mit den Geschichten aus meinem Familienalltag will ich für Sie eine Art Projektionsfläche schaffen, die Sie entweder zum Lachen oder aber zum Heulen bringt, vielleicht sogar wütend macht. Im besten Fall erkennen Sie sich an der einen oder anderen Stelle wieder. Was dies dann in Ihnen auslöst, kann ich leider nicht vorhersehen. Was immer es ist, ich hoffe, Sie nehmen es mir nicht übel.

Dieses Buch liest man übrigens, wie alle anderen Bücher auch, von links nach rechts. Es gibt keine horizontale Dramaturgie. Sie können die Kapitel also völlig durcheinander lesen. Möglicherweise sollte die Geburt aber doch vor der Kindererziehungsproblematik drankommen.

Falls Ihnen ein Kapitel gar nicht gefällt, reißen Sie die Seiten einfach heraus und basteln mit Ihren Kindern Papierflugzeuge – dann haben meine Zeilen doch noch Sinn gemacht. Oh, und so von Mutter zu Mutter: Sie könnten die nächsten zwei bis drei Stunden auch wirklich sinnvoll nutzen: Endlich mal joggen gehen? Sich einen neuen Haarschnitt gönnen? In Ruhe eine Freundin treffen oder die Küche putzen … Ob Sie wirklich lieber dieses Buch lesen, liegt ganz in Ihrer Hand. Ich übernehme für keines der folgenden Worte die Haftung. Die Verantwortung dafür, was meine Kinder täglich anstellen, reicht mir dicke. Wie viel auf diesen Seiten Dichtung oder Wahrheit ist, bleibt natürlich mein Geheimnis. Es gibt jedoch Menschen in meinem näheren Umfeld, die behaupten, ich neige extrem zu Übertreibungen. Aber das stimmt natürlich üüüberhaupt nicht!

Vorspann

Laut Wikipedia handelt es sich bei Memoiren um Aufzeichnungen von selbst erlebten Begebenheiten oder Denkwürdigkeiten. Wikipedia schreibt zudem, Memoiren gehen von einer gefestigten Identität eines seiner sozialen Rolle bewussten Individuums aus. Aber die Memoiren einer arbeitenden Mutter und Hausfrau folgen definitiv anderen Regeln. Warum?

Weil eine arbeitende Mutter von Partner, Kindern, Job und Haushalt fremdgesteuert wird – und das bei Kinderkrankheiten auch gerne mal 24 Stunden am Tag. Wie soll man denn da bitteschön gefestigt sein? Ich weiß ja ab und zu gar nicht mehr, wo mir der Kopf steht. Ich hetze so durch meine Tage, dass ich manchmal das Gefühl habe, ich renne auf einer Autobahn mit 140 km/h und verliere genau in dem Moment die Kontrolle, in dem ich merke, dass ich von meinen eigenen Füßen überholt werde. Wie soll ich denn da noch Zeit für die schöne Aussicht links und rechts von der Straße haben? Und genau deshalb schreibe ich bereits in der Mitte meines Lebens so eine Art Memoiren.

Ich bin jetzt 42 Jahre alt, glücklich mit Georg verheiratet, habe zwei wunderbare Kinder (Charly, 4 Jahre, und Lissi, 8 Jahre) sowie einen tollen Job als Fernsehautorin und -redakteurin. Ich liebe meine Familie aus tiefstem Herzen – obwohl sie mir manchmal schier den Verstand raubt. Wie soll ich auch klar denken können, wenn ich nach einem achtstündigen, aufreibenden Arbeitstag gerade das Abendessen koche, mein Mann sich mal wieder verspätet und ein Kind heulend auf dem Sofa sitzt, weil es lieber Buchstabennudelsuppe als Spaghetti zum Abendessen will, während es das andere Kind beim Einradfahren voll auf die Schnauze haut, wie ich aus dem Augenwinkel durchs Küchenfenster sehe? Ich renne mit dem Notfallsackerl nach draußen, tröste und verarzte meine Tochter. Als ich in die Küche zurückkehre, sind die Nudeln verkocht und mein Sohn hat in der Zwischenzeit eine halbe Tafel Schokolade gegessen. Was er natürlich empört abstreitet. Ich würde ihm wahrscheinlich glauben, wäre sein Gesicht nicht total verschmiert.

Ehrlich, ich hege die berechtigte Angst, dass ich den ganzen Irrsinn, der mir da täglich unerwartet vor die Füße springt, bis zu meinem 60. Geburtstag entweder in die hintersten Gehirnwindungen verdrängt habe oder dass dann die Demenz bereits das Zepter übernommen hat. Deshalb stoppe ich nun in der Halbzeit meines Lebens und spule die Zeit bis zu meinem ersten Schritt ins Mutterwerden zurück. Hiermit halte ich alle selbst erlebten Denkwürdigkeiten fest und hoffe, dass Sie sich davon gut unterhalten fühlen. Wenn Sie sich mit diesem Buch auf dem Klo einsperren und eine Runde kichern, während Ihr Nachwuchs an die Tür hämmert – dann habe ich einen guten Job gemacht.

Erst mal vorweg: Meine Familie ist mein Ein und Alles. Ich liebe die Nächte, in denen vier Füße über den Flur trippeln, um sich dann beidseitig fest an mich zu kuscheln. Diese sanften, zärtlichen, kleinen Zauberwesen, die mir das Gefühl geben, ich bin wirklich das Beste, was es auf der ganzen Welt gibt! Ihre Mama.

Warum nennen mich meine Kinder eigentlich Mama? Ganz einfach – ich bin eine Old-Schoolerin und will von meinen Kindern nicht mit meinem Vornamen angesprochen werden. Ich bin ja nicht ihre Freundin – sondern ihre Mama. Und das bin ich gern! Diesen Zustand, so anstrengend er auch ist, will ich bis ins letzte Detail auskosten, denn er ist ein unbezahlbares Geschenk. Immerhin unterscheide ich mich dadurch deutlich von allen alleinstehenden, stressfreien, entspannten und selbstbestimmten Nichtmüttern. Was nicht heißt, dass ich diese nicht oftmals unglaublich um ihre uneingeschränkte Freiheit beneide.

Es hat etwas Magisches, wenn diese hellen, schlaftrunkenen Stimmchen ein leises »Mama« hauchen. Da stört es mich auch nicht, dass es zwei Uhr nachts ist und ein »Ich will die Flasche« folgt. Natürlich ohne »Bitte«. Ein zärtlich gesprochenes »Mama« entschuldigt in meinen Augen viel, nein – eigentlich alles. Ich würde lieber viermal täglich mein Haus putzen, als wieder ein zielloser, einsamer Freigeist zu sein, der einfach so in den Tag hineinleben kann.

Aber: Sosehr mich meine Familie auch beflügelt, sie ist trotzdem oft ein richtiger Klotz am Bein. Oder ist es nur mein persönliches Problem, auf der einen Seite von meiner Familie immer an den Rand der Überforderung gedrängt und vom sich täglich wiederholenden Alltag gleichzeitig so gelangweilt zu sein? Es ist ein bisschen wie bei »Und täglich grüßt das Murmeltier«. Aufstehen, Frühstück und Brotzeiten zubereiten, Kinder anziehen und zu ihren Betreuungen bringen. Noch schnell den Haushalt polieren und schon mal das Abendessen vorkochen, um dann aufgeräumt, gut vorbereitet und mit bester Laune in der Arbeit aufzuschlagen. Auf dem Nachhauseweg gilt es, bloß in keinen Stau zu geraten. Sie haben keine Vorstellung davon, wie viele Schleichwege ich kenne. Dann Kinder abholen, Abendessen, Zähne putzen,

Geschichten vorlesen. Danach noch die Küche putzen. Und wenn alles schläft, bereite ich mich auf meinen nächsten Arbeitstag vor.

So geht das Tag für Tag, sommers wie winters, jahrein, jahraus. Mein Mann Georg ist Kameramann und oft wochenlang weg. Er dreht Filme für ARD, ZDF, BR und Kino. Manchmal macht er auch Werbung und Dokumentarfilme. Er weilt oft in anderen Städten und Ländern. Er kann sich in Ruhe seiner Arbeit widmen – für die er wirklich leidenschaftlich brennt. Klar, er kann ja auch beruhigt sein, weil er weiß, dass ich daheim unsere Kinder, den Haushalt und meine Arbeit schon irgendwie gebacken bekomme.

Dass seine Abwesenheit für mich der blanke Horror ist, kann er natürlich nicht nachvollziehen. Er war ja noch nie sechs Wochen lang mit unseren Kurzen allein zu Hause oder hat mit ihnen alleine Urlaub gemacht. Das ist kein Vorwurf, ich habe von Anfang an gewusst, dass er keinen Nine-to-five-Job hat. Fakt bleibt jedoch: Seine Absenz ist für mich und die Kinder immer sehr anstrengend.

Was sicher auch daran liegt, dass ich leider keine Größe in Sachen Geduld bin. Während mein Mann stundenlang und in sich ruhend unserem Sohn beim Anziehen zusehen kann, laufe ich innerlich die Wände hoch, weil ich weiß, dass ich mal wieder zu spät in die Arbeit komme. Also motze ich meinen Filius an, dass er sich gefälligst beeilen soll! Kein besonders guter Start in den Tag.

Als wäre das Mamasein nicht Arbeit genug, habe ich auch noch einen Job. Seit Neuestem – zum ersten Mal, wie Sie hier lesen – sogar als Buchautorin. Sonst denke ich mir TV-Ideen aus, die ich dann unterschiedlichen Fernsehproduktionen anbiete. Manchmal erfolgreich, manchmal nicht. Zudem schreibe ich Dialogbücher für laufende Serien. Seit März 2014 betreue ich inhaltlich die Serie »Dahoam is Dahoam« als freie Redakteurin vor Ort. Das bedeutet, dass ich vor dem Bayerischen Rundfunk für alle Inhalte der Serie verantwortlich bin. Ich lege in Zusammenarbeit mit der Produktionsfirma alle Schicksale der Lansinger Dorfbewohner fest, sodass am Ende schöne Geschichten auf dem Schirm landen – die die Zuschauer so begeistern, dass sie am nächsten Tag gerne wieder einschalten.

Fernsehen und Film klingt für Sie sicher nach Glamour und Party. Da muss ich Sie jedoch enttäuschen. Eine Serie ist ein tägliches Geschäft, und auch beim Fernsehen wird hart gearbeitet. Wie in jedem anderen Unternehmen gibt es Besprechungen und fixe Abgabetermine. Eine Fernsehproduktion ist auch nur eine wirtschaftliche Fabrik, die an jedem Tag einen bestimmten Output haben muss. Ich arbeite nicht nur zu Hause in meinem Büro, sondern bin auch drei Tage die Woche in Dachau – wo die Serie inhaltlich produziert und auch gedreht wird.

Wenn also Georg außer Haus ist, scheuche ich jeden Morgen wie ein Oberleutnant meine Kids aus dem Haus, damit ich meine Termine einhalten kann. An zwei Nachmittagen nimmt mir eine Nanny die Kinder ab, damit ich in meinen Sitzungen keinen Zeitdruck habe. Wenn ich dann abends wieder zu Hause bin, peitsche ich meine Kinder pünktlich ins Bett, damit der nächste Morgen keine überraschenden Verspätungen mit sich bringt. Oft sitze ich dann abends auf dem Sofa und bin todunglücklich darüber, wie sehr ich meine Kinder stresse, damit ich sie, den Haushalt und meine Arbeit – mehr recht als schlecht – unter einen Hut bringe. Ich fühle mich dann alleinerziehend, obwohl dieses Martyrium teilweise zwar lang, aber Gott sei Dank nicht endlos ist. (An dieser Stelle mein hochachtungsvolles Mitgefühl an alle Single-Mums. Ich bewundere es absolut, wie ihr das kräftetechnisch schafft.)

In diesen harten Zeiten steht mir meist meine beste Freundin Susi zur Seite. Bei ihr kann ich mich ausheulen, ohne Gesichtsverlust. Wir kennen uns seit dem Kindergarten. Wir haben zusammen die erste Zigarette geraucht – die hatten wir höchst professionell aus einem Notizzettel und frisch gepflücktem Gras gerollt. Gesundheitlich sehr bedenklich, weil am Ende auch noch schön mit Tesa zugeklebt. Susi war zudem jahrelang meine Tennispartnerin, sie Links- ich Rechtshänderin. Unsere Gegner nannten uns: die Wand! Wir verdienten außerdem unsere erste Kohle gemeinsam, indem wir jahrelang bei Wind und Wetter Zeitungen austrugen. Wir trösteten einander durch diverse Liebeskummerphasen und fuhren viele Sommer jedes Wochenende gemeinsam an den Gardasee. Sie ist meine Trauzeugin und ich bin die Taufpatin ihres Sohnes Max, der mittlerweile zwölf Jahre alt ist. Vor

20 Jahren traf sie ihren Mann Nick und vier Jahre später ich meinen Georg. Wir haben keine Geheimnisse. Dank Susi werden meine inneren Monologe zu Dialogen. Sie ist meine Seelenverwandte, obwohl wir unterschiedlicher nicht sein könnten: Sie ist verheiratet, hat ein Kind, geht zweimal wöchentlich ins Fitnessstudio, führt einen gut laufenden Brautmodeladen und wirkt immer relaxed und gut organisiert. Was sicher auch daran liegt, dass Nick den Hausmann gibt. Leider wohnt sie mittlerweile 300 Kilometer entfernt und ich vermisse unsere Mädelsabende, an denen wir gelacht und uns gegenseitig das Herz ausgeschüttet, zu viel Wein getrunken und uns am nächsten Tag in der Arbeit krankgemeldet haben. Krank sein und abends ausgehen, das fällt als Mutter sowieso beides aus. Da geht es Ihnen vermutlich nicht anders? Aber um die Distanz zu überwinden, gibt es das World Wide Web, Facebook und E-Mails – so weiß ich immer Bescheid, was meine liebe Freundin treibt.

Daniela Oefelein
An: Susanne Waack
16.11.2014 10:24

Ein bayerisches Servus aus dem Süden der Republik!
Wenn du denkst, bei mir tut sich nix, dann liegst du aber gehörig falsch. Du wirst es nicht glauben, aber nach über 3000 Folgen Daily Soap ist nun ein Verlag verrückt genug und traut mir tatsächlich zu, einen »witzigen Familienratgeber« zu schreiben. Diese Chance konnte ich mir natürlich nicht entgehen lassen. Das wird das persönlichste Projekt, das ich je verfasst habe. Ich freue mich wirklich riesig darauf. Der Vertrag ist unterschrieben und abgeschickt und ich habe keinen Plan, wie ich das neben

meiner Familie und meinem Job noch schaffen soll. Natürlich dreht Georg noch bis Weihnachten einen Film fürs ZDF. Irgendwas mit »Karriere und Küssen«. Mist, Mist, Mist. Ich brauche dringend deinen Rat! Wollte dich auch fragen, ob wir uns mit den Kids in den Weihnachtsferien treffen wollen? Wäre doch schön. Geht es Max gut?

Bis später, ruf durch!
Daniela

Susanne Waack
An: Daniela Oefelein
16.11.2014 10:24

Leider bin ich bis einschließlich 19.11.2014 im Urlaub und nicht erreichbar. Ich melde mich nach meiner Rückkehr.

Mit freundlichen Grüßen
Susanne Waack

Hallo? Susi ist im Urlaub? Wieso weiß ich nichts davon? Hätte sie ja mal auf Facebook posten können.

Aber am besten nutze ich jetzt die Zeit, bis ich Lissi und Charly wieder abholen muss, und beginne mit meinen Aufzeichnungen. Natürlich von Anfang an. Ich verrate nur so viel: Im Jahr 2007 – kurz nach der Geburt meiner großen Tochter und der x-ten wachen Nacht – sagte eine Stimme aus dem Chaos zu mir: »Lächle und sei froh, es hätte schlimmer kommen können!« Ich lächelte und war froh. Und natürlich kam es schlimmer.

Was bisher geschah – das Leben vor Mama

Im Drehbuch kommt jetzt der »Recap«, das ist die Zusammenfassung dessen, was bis zum eigentlichen Anfang des Hauptfilms schon alles geschah: Ich landete an einem sonnigen Septembertag im Jahre 1973 auf diesem Planeten. Das hervorragende Wetter prägte wohl mein fröhliches Gemüt. Der liebe Gott legte mir zudem ein impulsives Temperament mit in die Wiege. Ich war die zweite Tochter in unserem Haushalt. Wir waren ganz normale Schwestern – liebevoll bis hysterisch. Meine beste Freundin hieß Susi.

Ich wuchs wohlbehütet im Münchner Westen auf. Kein Scheidungskind, keine größeren Katastrophen und Sorgen. Ich war einfach nur ein glückliches Kind. Allein die Mathematik machte mir jahrelang viel Ärger. Aber ich glich meine Fünfer in Mathe und Physik mit guten Noten in Deutsch und Englisch aus. Deshalb spezialisierte ich mich schon früh auf Buchstaben.

In meiner Pubertät war ich grauenvoll. Meine arme Mutter: Wenn Lissi so wird wie ich, dann habe ich es verdient. Und zwar alles! Meine erste große Liebe war, wie erste Lieben zu sein haben: schön turbulent und irgendwann vorbei. Irgendwann war 1995. Danach folgte das Singleleben. Ganz ehrlich, ein Single ist nicht immer nur traurig. Ich war young, wild and free! Es war die Zeit der Sprungbrettmänner. Das sind die Typen, die dabei helfen, dass man sich nicht mehr so an die Erinnerungen an die erste große Liebe klammert. Die geraten dann vor lauter Spaß in Vergessenheit. An diesen Männern erkennt man aber auch, was Mister Perfect alles nicht sein darf. Mister Perfect zeigt einem zum Beispiel nicht beim ersten Date, dass sein Slip einen zweiseitigen Eingriff hat. Er sollte auch nicht – mit nur 16 Jahren – mit seiner 48-jährigen Physiklehrerin Sex gehabt haben, nur damit er nicht sitzen bleibt. Definitiv uncool ist es auch, das Abendessen beim zweiten Date nackt zu kochen. Diese Typen sind reine Nutzmänner. Wegweiser. Liebeskummer ist dabei von vornherein ausgeschlossen.

Ursprünglich wollte ich Radiosprecherin werden. Doch kein Münchner Sender war an mir interessiert – nicht mal als Praktikantin. Nach meinem Abitur fand ich es dann schick, Architektin zu werden. Leider hatte ich elf Wartesemester vor mir. Um die Zeit zu überbrücken, absolvierte ich eine Lehre zur Kauffrau in der Grundstücks- und Wohnungswirtschaft. Danach schloss ich sogar noch ein Studium zur Dipl. Immobilienfachwirtin ab. Dann startete endlich mein Architekturstudium und die Ernüchterung folgte: Die Hauptfächer waren Physik und Mathe, und ich wurde schon zum Ende des ersten Semesters wieder exmatrikuliert.

Danach stieg ich erst mal ein Jahr aus und durchreiste die halbe Welt. Auf einer sehr lustigen Privatparty lernte ich 1998 den Produzenten von Pearson Television kennen. Er bot mir meinen ersten Job beim Fernsehen an. Ich startete – als absoluter Quereinsteiger – als Praktikantin bei »Herzblatt« und war für die Kandidatenauswahl verantwortlich. Castings in Deutschland und Österreich folgten.

1999 war das Schicksalsjahr: Ich traf auf meinen Lebensgefährten, meinen Mann Georg. Wie jedes dritte Ehepaar lernten wir uns bei der Arbeit kennen. Ich war die Assistentin des Produzenten für einen Abschlussfilm der Hochschule für Film und Fernsehen in München. Georg war der Kameramann. Wir waren uns auf Anhieb sympathisch, trafen uns aber erst nach Fertigstellung des Films das erste Mal privat. Georg war der Mann, der mich gefühlstechnisch in einer völlig neuen Dimension gefährlich angreifbar machte. Aber ein gewisses Risiko gibt es immer, und wer nicht wagt, der nicht gewinnt!

Georg war perfekt. Also fast: Er hatte keine Ahnung vom Kochen. Als ich das erste Mal zu Besuch bei ihm war und hungrig den Kühlschrank öffnete, gähnte mich absolute Leere an. Obwohl, nicht ganz: Wie es sich für einen guten Kameramann gehört, lagerten dort zwei Filmrollen. Wir bestellten Pizza.

Georg und ich hatten den gleichen Humor, dieselben Hobbys und Interessen. Freunde treffen, Skifahren, Klettern am Gardasee – wir waren ständig auf Achse. Trotzdem ließen wir uns genügend Raum, damit wir beide beruflich unseren jeweiligen Weg verwirklichen konnten. Als Kameramann war Georg manchmal wochenlang unterwegs. Das war für mich überhaupt kein Problem. Ich wollte nie einen Partner, der wie eine Klette an mir klebt. (Da war ich ja auch noch keine Mama!) Ich hatte genügend Zeit für meine Arbeit und meine Mädels. So schlich sich auch keine Langweile in unsere Beziehung ein. Mit Georg fühlte sich alles so leicht und einzigartig an. Freunde von mir sagen ja, man müsse ein wenig verrückt sein, um mich zu ertragen. Ich bin ein Zappelphilipp. Ich muss ständig in Bewegung bleiben, ein Chill-Wochenende gibt es mit mir nicht. Ich brauche Ausflüge, muss Leute treffen, Neues sehen und erleben. Urlaube mit mir sind anstrengend, weil ich pro Tag mindestens vier Stunden rumkommen will, anstatt nur am Strand abzuhängen. Zudem bin ich schadhaft schadenfroh – egal, ob bei Freunden oder Fremden. Ein Beispiel: Seit Georg mich kennt, zieht er mich damit auf, dass ich hysterisch auf Bienen, Wespen und Hornissen reagiere. Ich springe schon mal in den See und bleibe 30 Sicherheitssekunden unter Wasser, damit diese Kreaturen meine Spur verlieren. Georg findet, ich gebe mit diesem Verhalten unseren Kindern eine falsche Message. Er referiert dann immer besonnen vor den Kurzen, dass diese Tiere nicht gefährlich sind – solange man friedlich mit ihnen zusammenlebt und sie nicht reizt. Können Sie sich vorstellen, wie ich mich kaputtgelacht habe, als sich eine Wespe in sein Nasenloch verflog, fröhlich zustach und dann zufrieden weiterzog? Natürlich verabreichte ich Georg Apis-Globuli. Die Dosierung war leider nur nicht so einfach, weil mich mein Lachkrampf so schüttelte, dass permanent mehr als zehn Kügelchen aus der Flasche schossen.

Warum bin ich noch anstrengend? Wie jede Frau, die etwas auf sich hält, liebe ich Tratsch. Es gibt doch nichts Schöneres, als vor anderen Haustüren den Dreck aufzukehren. Das lenkt prima von einem selbst ab. Und wenn Sie das nächste Mal im Kino sitzen und jemand furchtbar laut hinter ihnen schluchzt, weil auch im neuen Cinderella-Kinofilm – völlig überraschend – am Anfang zuerst die Mutter und dann auch noch der Vater stirbt, dann bin das sicher ich. Außerdem will ich immer alles perfekt machen, was für Mitbewohner beschwerlich bis tödlich sein kann. Sie sehen, meine Freunde liegen mit der Einschätzung meiner Person nicht ganz verkehrt. Aber Georg hat Humor und anscheinend auch ein unglaubliches Durchhaltevermögen.

Wir schrieben das Jahr 2002. Ich arbeitete als Producerin bei der Daily Soap »Marienhof«. Eine Producerin betreut den Kunden und Auftraggeber, also die Redaktion des Senders. Ich war verantwortlich für den Serieninhalt, das Casting, das Kostüm und die Ausstattung – praktisch das Mädchen für alles. Privat machte ich einen neuen und aufregenden Schritt.

Daniela Schaefer
An: Susanne Waack
03.04.2002 17:48

Hey, es gibt Hammernews! Georg und ich ziehen endlich zusammen. In eine wunderschöne Drei-Zimmer-Galerie-Dachterrassen-Wohnung in der Au. Drei Dachterrassen: Ost, Süd und West. Für jede Tageszeit eine eigene. Völlig im Grünen. Na, was meinste?

Susanne Waack
An: Daniela Schaefer
03.04.2002 20:16

Nach drei Jahren Beziehung – keine große Überraschung!

Daniela Schaefer
An: Susanne Waack
03.04.2002 20:32

Das ist alles, was dir dazu einfällt? Ich mag dich heute nicht!

Susanne Waack
An: Daniela Schaefer
03.04.2002 20:36

Egal.

Daniela Schaefer
An: Susanne Waack
03.04.2002 20:42

Pass mal auf. Ich habe seit drei Monaten immer ein Ohr für dich und dein Baby. Ich finde, wir könnten mal wieder über mich reden! Das ganze Windel- und Stillgedöns – sorry, es nervt.

Susanne Waack
An: Daniela Schaefer
03.04.2002 20:48

Das Baby heißt Max. Hör auf, ihn immer nur mit »das Baby« zu titulieren! Max ist natürlich lange nicht so spannend wie die Frage, ob Töppers nun von seiner Annalena betrogen wird oder nicht! Glaub mir, ich lebe im Gegensatz zu dir in der realen Welt. Max macht Sinn. Mein Job als Abteilungsleiterin hingegen war schnell neu besetzt. Max braucht mich und zwar nur mich. Und er gehört jetzt zu mir! Besser, du gewöhnst dich daran.

Daniela Schaefer
An: Susanne Waack
03.04.2002 20:54

Musst du ja jetzt sagen. Das liegt an deiner zwanghaften Unfähigkeit, dass du nie zugeben kannst, wenn du einen Fehler gemacht hast. Ja, Annalena wird Töppers betrügen. Ich verrate dir aber nicht, mit wem!

Es wundert Sie sicher nicht, dass danach erst einmal Funkstille herrschte. Nichts von Susi zu hören, brachte mich fast um. Natürlich war mir klar, dass ich zu weit gegangen war. Aber ich war immer eine gute und einfühlsame Freundin gewesen. Und diese »Mamaproblematiken« konnte ich damals wirklich noch nicht verstehen. Heute weiß ich: Ein Neugeborenes als Fehler zu bezeichnen, war wirklich absoluter Schwachsinn!!!

Aber sorry, für diese Elterngespräche war ich der absolut falsche Ansprechpartner. Ich war weder Erzieherin noch Mama. Ich hätte genauso gut über Einsteins Relativitätstheorie plaudern können. Woher sollte ich auch wissen, was es heißt, ein Kind zu haben? So eine tiefe Liebe für ein Geschöpf zu empfinden, mit all den großen Sorgen inbegriffen.

Heute ist mir klar: Ich ließ damals kein Fettnäpfchen aus. Nein, ich war Olympiasiegerin in der Disziplin, zum ungünstigsten Zeitpunkt Geschmacklosigkeiten von mir zu geben. Beispiel: Die 18 Monate alte Nele macht noch keinen Schritt, ja, nicht einmal Anstalten, sich hochzuziehen. Alle anderen Kids in diesem Alter laufen. Die Mutter ist ohnehin schon hochalarmiert. Ich (lösungsorientiert): »Bist du sicher, dass Nele nicht behindert ist?« Der 20 Monate alte Max spricht –

zum großen Kummer seiner Eltern – noch fast kein Wort. Ich (einfühlsam): »Aber taub ist er nicht, oder?« Ich ahnte ja nicht, was für Urängste in Mamas stecken können und wie wichtig eine altersgerechte Entwicklung ist.

Erkälteten Zwergenbesuch schubste ich gerne mal von meinem Sofa. Ich wollte keinen Rotz an meinem Kissen – nur, weil die Mutter ihrem Kind die Nase nicht putzte. Mit alldem hatte ich nichts am Hut. Noch nicht.

Ich fand die Kinder meiner Freunde durchaus niedlich, aber zwei Nachmittage im Monat waren ausreichend. Ich verstand auch nicht, wieso niemand mehr mit mir ausging. Ich wurde ständig zum Essen nach Hause eingeladen, weil Kino und Babysitter den Mädels zu teuer waren. Klar, sie arbeiteten ja jetzt nur noch 20 Stunden pro Woche. Da kommt netto nicht mehr so viel rum.

Was ich damals nie zugegeben hätte, war, dass ich insgeheim brutal neidisch auf meine Mädels war. Sie waren alle viel mutiger als ich, sie waren mir einen großen Schritt voraus. Sie hatten aufgehört, sich nur noch um sich selbst zu drehen. Sie hatten Familien gegründet und Verantwortung für kleine Wesen übernommen.

Ich hatte mich, Georg, meinen Job und unsere tolle Wohnung. Ich redete mir ein, meine Freiheit zu genießen, und lebte mein Leben als Serientäterin. Meine Familie war zu dieser Zeit der »Marienhof«. Ich konnte mitentscheiden, wer krank, betrogen, verlassen, ermordet oder bestohlen wurde. Ich kümmerte mich um Hochzeiten, ließ Kinder auf die Welt kommen und lieb gewonnene Figuren beerdigen. Das war meine Welt. Das war 2002. Das war die Ur-Daniela. Heute weiß ich: Dieses Leben war zwar eine Menge Spaß – aber eben noch nicht der ganze Funpark!

Die Geburt und der lange Weg dorthin

Natürlich war Susi sauer auf mich. Zu Recht! Nach sechs Wochen Funkstille ging es mir richtig schlecht. Nachdem ich meine letzte Mail erneut gelesen hatte, war mir klar – ich musste handeln. Ihr Ehemann Nick versprach mir zu helfen, weil Susi auch todunglücklich war. Ich fuhr an einem Wochenende mit einem überdimensionalen Stoffkrokodil nach Nürnberg und stellte mich mit einem Banner und einer Fußballtröte vor ihr Haus. Auf dem Banner stand: »Das ist der Fehler.« Ein Pfeil zeigte auf mich. Gott sei Dank verzieh sie mir. Ich war völlig überrascht, wie groß das Baby Max mittlerweile schon war.

Nur zwei Jahre später sah ich das Kinderthema mit ganz anderen Augen. Max war ein lustig herumstolpernder Frechdachs, und ich verbrachte gerne Zeit mit ihm. Wenn man als Frau den 31. Geburtstag erreicht hat und mit viel Glück der richtige Partner zur Seite sitzt, dann liegt die eigene Familiengründung irgendwie auf der Hand. Ja, ich war für eine Familie bereit. Und Georg auch. Als Producerin mit einer gefühlten Sieben-Tage-Woche kam mir der Schritt in ein ruhiges Mutterdasein wie der lang ersehnte Sonderurlaub vor. Wie naiv ich doch war! Ich setzte also die Pille ab und wir harrten der Dinge, die da kommen sollten. Alle meine Freundinnen und Kolleginnen wurden problemlos schwanger. Mir kam es so vor, als ob sie über Nacht ihre fertigen Kinder in die Wiegen gelegt bekommen hätten.

Die ersten Monate machte ich mich noch locker. Aber als nach einem halben Jahr ohne Pille deutlich wurde, dass ich fernab von einem regelmäßigen Zyklus war, wurden genauere Untersuchungen angesetzt. Das Ergebnis war niederschmetternd: Die Ärzte sagten mir, dass ich ohne Hormone und ohne künstliche Befruchtung niemals Mama werden würde. Auf dem Weg zum Mamawerden musste ich mehrmals leidvoll erkennen, dass diese Halbgötter in Weiß nun einmal nicht Gott und außerdem leider fehlbar sind. Sie sind auch nur Menschen, die sich mal irren. Es gibt gute und eben auch schlechte. Zu diesem Zeitpunkt aber vertrauten wir auf die Medizin und verließen uns auf den ärztlichen Rat.

Damals beteiligten sich Krankenkassen an künstlicher Befruchtung, aber nur dann, wenn man verheiratet war. Die Ehe war uns – bis dahin – eigentlich nicht so wichtig gewesen. Ich wollte schon irgendwann mal heiraten, aber nicht wegen eines Kindes, sondern meinetwegen. Ich wollte einen romantischen Antrag und Georg seine Ruhe! Er fand die Ehe eher überbewertet. Und jetzt würde ich kein Baby bekommen, wenn wir nicht »Ja« sagten. Auch für eine Adoption hätten wir unsere Beziehung amtlich machen müssen. Wir hatten zum ersten Mal ein handfestes Problem. Woher ein Kind bekommen, wenn nicht stehlen?

Meine aufgesetzte Coolness verschwand und ich machte Georg immer häufiger – natürlich subtil – für meine Unfruchtbarkeit verantwortlich. Und wer sagt schon zu einem »Na gut, dann heiraten wir halt« gerne Ja? Einen Heiratsantrag hatte ich mir immer definitiv anders vorgestellt – wie es sich für eine Serienautorin gehört, aus deren Repertoire bereits diverse super ausgefallene Anträge über die Fernsehschirme geflimmert waren.

Wir stritten immer häufiger und ich merkte, wie eine völlig neue Aggression aus mir herausbrach. Wo ich doch sonst Streit gerne umschipperte, weil ich eher friedlich und konfliktunlustig bin. Das alles stresste mich so sehr, dass ich sogar vorübergehend aus der gemeinsamen Wohnung aus- und bei einem Freund in seine WG einzog.

Georg bemerkte neben meiner neuen Feindseligkeit noch etwas anderes. Er sah, dass sich mein Körper verändert hatte und mein Gesicht weicher geworden war. Er kaufte einen Schwangerschaftstest. Und siehe da, ich war tatsächlich nicht mehr allein in meinem Körper! In den Augen der Ärzte ein Wunder.

Gute Hoffnung ...

Die Schwangerschaft verlief wie im Traum. Ich bin bis drei Wochen vor der Geburt geradelt, geschwommen und habe gearbeitet. Ich war die entspannteste und glücklichste Schwangere der Welt. Erst in der 37. Woche wurde aus meinem Büro ein liebevoll dekoriertes Kinderzimmer – bis dahin wollte ich dem Schwangerschaftsfrieden noch nicht so recht trauen.

Der Geburtstermin sollte der 16. Februar 2005 sein. In den letzten Wochen besuchten wir einen Geburtsvorbereitungskurs und hechelten uns brav unserem wichtigsten Termin entgegen. Nur noch wenige Tage und wir sollten glückliche Eltern sein.

Das Geschlecht unseres Kindes war uns egal. Wir wollten überrascht werden! Wichtig war doch nur, dass das Baby gesund war. Wir wussten, ein Mädchen würde Lucie, ein Junge Oskar heißen. Und das Baby strampelte sich fröhlich der Befreiung entgegen. Heimlich wünschte ich mir einen frühzeitigen Blasensprung, damit wir nicht in einer langatmigen Warteschleife landen würden. Das Leben ist aber kein Wunschkonzert, deshalb ging ich ab dem errechneten Geburtstermin täglich zur Kontrolle.

Zwei Tage nach dem errechneten Termin spürte ich, dass irgendetwas anders war. Ich ging besorgt zu meinem behandelnden Arzt und teilte ihm mit, dass etwas nicht mehr stimme. Ich hatte das Gefühl, das Baby müsste sofort geholt werden. Der Arzt machte ein CTG, schallte die Kugel und befand alles für in bester Ordnung. Er unkte sogar noch, ich sei hysterisch – weil erste Geburt und so. Es sollte das letzte Mal sein, dass ich unsere Lucie lebendig sah, wenn auch nur auf einem Bildschirm.

Zwei Tage später kam sie tot auf die Welt. Sie war ein Sternenkind. Das Leben hängt eben wirklich nur an einem seidenen Faden. Das war eine sehr schmerzhafte Erfahrung, die mein weiteres Leben zutiefst beeinflusst hat. Ich erzähle ausführlicher davon in meinem letzten Kapitel »Jähes Ende«. Denn wenn Sie gerade schwanger sind, sollten Sie das vielleicht lieber nicht jetzt lesen.

Irgendwo im dunklen Winter warten die Blumen des Frühlings

Nach Lucies Beerdigung flüchteten Georg und ich für sechs Wochen nach Indien. Wir wollten sofort raus aus unserem vertrauten Umfeld. Einen Neustart, wieder als kinderloses Paar.

Nach unserer Rückkehr zogen wir in ein Haus mit Garten. Meine Hände gruben sich durch Beete. Eine kleine Katze zog bei uns ein. Der Lümmel. Dank ihm hatte ich endlich was Kleines, um das ich mich kümmern konnte.

Im Juni kam meine Nichte Katharina auf die Welt. Ich weiß noch, wie mein Schwager mich anrief – um mir mitzuteilen, dass sie gesund angekommen war. Das Gefühl, das ich empfand, werde ich nie vergessen. Auf der einen Seite war ich so glücklich und freute mich für meine Schwester, dass bei ihr alles gut gegangen war. Auf der anderen Seite war ich so furchtbar traurig und neidisch – weil sie nun all das erleben durfte, was mir verwehrt geblieben war.

Mir war völlig klar, dass sich weder meine Schwester noch meine Mutter – eigentlich keiner – traute, sich über dieses Mädchen so richtig zu freuen. Jeder wusste, wie sehr ich mir diesen Moment gewünscht hatte. Ich weinte. Als ich mich wieder gefasst hatte, fuhr ich ins Krankenhaus, um meiner Nichte Hallo zu sagen. Sie war so niedlich, und meine Schwester und ich weinten wieder. Es fühlte sich so unfassbar schön an, ein waches Baby halten zu können. Unser Baby. Katharina war unser aller Baby. Sie war – in diesem Sommer – sicher das meistgeküsste Kind.

Und weil Georg und mir bewusst geworden war, wie viel Belastung unsere Gefühle füreinander aushalten können, heirateten wir zehn Monate nach Lucies Geburt. Ich war zwar noch nicht so weit, dass ich Weihnachten – die Geburt Jesu – feiern wollte, aber es ging mir tatsächlich wieder besser.

Ich war auch in meinen Job zurückgekehrt und betreute inhaltlich das erste Jahr von »Alles was zählt«. Ein Jahr nach Lucies Geburt fühlte ich mich körperlich aber immer noch sehr schlapp. Meine Monatszyklen waren eine unkontrollierbare Katastrophe. Alle Ärzte sagten mir, das sei psychisch und völlig normal nach so einem Ereignis. Ich konnte jedoch wieder lachen und hatte Spaß an meinem Beruf – ich spürte, dass was anderes dahinterstecken musste.

Durch Lucies Totgeburt hatte ich eins gelernt: Jeder sollte auf seinen Körper hören, seinem eigenen Gefühl trauen und nachgehen. Meine neue Frauenärztin nahm mich ernst und überwies mich ins Krankenhaus. Dort stellte man fest, dass der Schock und die Trauer bei mir Diabetes Typ II ausgelöst hatten. Irgendwie muss der Körper solche extremen Gefühle ja auffangen. Ich spritzte nun Insulin und bekam Hormone, damit mein Körper endlich zur Ruhe kommen konnte. Ich wollte mich einfach nur wieder wohlfühlen. Die permanenten Blutungen hörten endlich auf, und gerade als ich mir Gedanken über die Verhütung machen wollte, stellte meine Frauenärztin fest, dass ich erneut schwanger war. Sie können sich sicher vorstellen, wie zwiegespalten ich war.

Lissi, ein Geschenk des Himmels

Ich bin wieder schwanger! Ein Baby. Was ist, wenn es abgeht? Was ist, wenn mir nochmal das Gleiche passiert? Nein, so was darf nur einmal passieren! Was ist, wenn es behindert ist? Das waren alles Fragen, die ich mir in Lucies Schwangerschaft nie gestellt hatte. Erst einmal abwarten. Georgs Freude war zunächst auch verhalten, wir trauten dem Frieden natürlich nicht. Da wir nicht wie Kranke oder Behinderte behandelt werden wollten, behielten wir unser Geheimnis erst einmal für uns. Wir beschlossen, diesmal alles anders zu machen als beim ersten Mal. Um Krankheiten auszuschließen, ließen wir eine Chorionzottenbiopsie durchführen. Schon am nächsten Tag erfuhren wir, dass erneut ein – völlig gesundes – Mädchen auf dem Weg zu uns war. Unsere Lissi. Den Namen behielten wir aber noch für uns. Erst nach der großen Untersuchung in der 20. Schwangerschaftswoche verkündeten wir die Neuigkeit. Alle freuten sich irre mit uns.

Natürlich galt ich mit meiner Vorgeschichte als Risikopatientin und wurde von einem Expertenteam engmaschig begleitet. Ich fühlte mich sicher und lenkte mich mit Arbeit ab. Die arme Lissi hingegen hatte keine entspannte Schwangerschaft. Immer, wenn es in meinem Bauch zu ruhig wurde, schüttelte ich sie so lange, bis ich einen Fußtritt als Antwort erhielt. Meine behandelnde Ärztin versprach mir, dass ich dieses Baby großziehen würde. Sie ging kein Risiko ein. Lissi sollte am 2. April 2007, gut zehn Tage vor dem errechneten Termin per Kaiserschnitt das Licht der Welt erblicken.

Um Punkt 8:13 Uhr kam unsere Lissi auf die Welt. Sie hatte einen orangefarbigen Haarflaum und schrie und schrie. Ich konnte mein Glück kaum fassen. Ich war so froh und überwältigt, dieses energische Stimmchen zu hören, dass ich meinen Tränen freien Lauf ließ. Diesmal war alles gut. Alles war so, wie es sein sollte.

Georg wich seiner Tochter keine Minute von der Seite. Beide verschwanden mit dem Kinderarzt zum Apgar-Test in ein Nebenzimmer. Ich wurde genäht und in den Aufwachraum geschoben. Als ich Georg mit unserem Kind in seinem Bettchen auf mich zukommen sah, hätte ich am liebsten die ganze Welt umarmt. Er sah so glücklich aus, wie ich ihn noch nie zuvor gesehen hatte. Er legte mir Lissi in den Arm und wir weinten. Diesmal vor Dankbarkeit über dieses Wunder. Wir waren uns einig, dass Lissi ein Geschenk des Himmels und Lucie der beste Schutzengel war, den man haben konnte.

Nur 15 Minuten später kamen wir in der Realität an. Lissi war völlig hibbelig und unzufrieden, wollte aber nicht an die Brust. Sie fing an zu schwitzen. Natürlich hatten wir sofort Panik, dass etwas mit ihr nicht stimmte. Die Hebamme er-

kannte das Problem. Da ich die ganze Schwangerschaft Insulin gespritzt hatte und das Embryo ja co-abhängig ist, rutschte Lissi in den Unterzucker. Also wurde ihr sofort pure Glukose per Flasche zugefüttert.

Und Lissi war schlau. Sie hatte nun den zuckersüßen Geschmack kennengelernt – und dies ohne große Anstrengung. Wieso sollte sie sich jetzt noch an Mamas Brust rumärgern? Wo bis jetzt übrigens noch nichts zu holen war! Die Milchbar hatte nicht viel mehr als zähflüssige Pampe zu bieten. Es war doch so gemütlich in dem warmen Wasser gewesen – als sie allzeit versorgt und so schön in der Gegend rumgeschaukelt worden war. Sie hätte es da schon noch ein paar Tage ausgehalten. Hier war alles so hell und laut. Außerdem heulten alle um sie rum. Freute sich denn keiner über sie? Lissi beschloss, schnell wieder die Augen zuzumachen und von ihren letzten gemütlichen Monaten zu träumen.

Bitter Sweet Symphony!

Ich war überglücklich. Wir waren wie im Rausch. Endlich waren wir zu dritt. Lissi war ein entspanntes, zufriedenes und viel schlafendes Baby. So weit der gute Teil. Natürlich hatte ich das Mamasein immer total verklärt gesehen. Das wurde mir nun stündlich bewusst. Ich, stillend mit meinem Baby an der Brust, vor dem prasselnden Kamin. Ein schönes Bild. Aber ein harter und steiniger Weg bis dahin! An Lissis zweitem Lebenstag folgte der Milcheinschuss. Jessas, was für eine Qual. Ich lernte kühle Quarkwickel kennen, die halfen, das Jucken zu lindern. Und Lissi schlief, schlief und schlief. Die

Hebammen schüttelten das kleine Bündel so lange, bis es endlich die Augen aufmachte. Dann wurde sie an meine Brust gelegt, nuckelte zwei-, dreimal und glitt erneut ins Reich der Träume. Ich saß mit meinen Glocken da und wusste nicht, wohin mit meiner Milch. Also eigentlich war es nur eine Brust, die schmerzte – die andere verweigerte jegliche Dienste.

So lernte ich meine neue Freundin – die beidseitige Milchpumpe Symphony – kennen. Wie konnte man bei diesem endlosen »Uschuschuschuschusch« überhaupt an eine Sinfonie denken? Symphony sollte der einen Brust die wohlverdiente Erleichterung bringen und die andere zur Produktion anregen. Das Stillen hatte ich mir definitiv romantischer vorgestellt – ich kam mir vor wie eine Milchkuh. Alles nur ein Mythos? Dass so ein Kraftaufwand dahintersteckte, ließ mich fast verzweifeln. Was, wenn das Stillen bei mir nicht klappen sollte? Georg versuchte – während ich an der Maschine hing – Lissi per Flasche zum Essen zu motivieren, was übrigens noch jahrelang unser Thema blieb. Mittlerweile wog Lissi nur noch 2600 Gramm, weil sie lieber schlafen als trinken wollte.

Mit jedem Schichtwechsel kam eine neue Herangehensweise. Jede Hebamme schien die Weisheit mit goldenen Löffeln gefressen zu haben. Dadurch geriet eine totale Unruhe in unser Zimmer, die mich stresste und die Milchproduktion weiter runterfahren ließ. Es ist nicht gerade spaßig, wenn alle drei Stunden jemand Neues an deinem Busen rumgrabscht und mit neuen Ideen an dir herumexperimentiert. Ich war so wütend über diese Verwirrung um mich und mein Baby, dass wir beschlossen, das Krankenhaus zu verlassen.

Angekommen

Diesmal war das Heimkommen wunderschön. Lissi blinzelte neugierig aus der Babyschale und Lümmel beschnüffelte die neue Mitbewohnerin interessiert. Die stolze Oma hatte uns Georgs alten Stubenwagen geschenkt. Wir legten Lissi hinein und schoben sie ans Fenster, in die warme Aprilsonne.

Wir waren jetzt Eltern. Wir waren eine Familie und Georg und ich, wir hatten die alleinige Verantwortung für unser Kind. Lissi war unser kleines Pflänzchen. Wir mussten sie pflegen, nähren und beschützen – damit sie in Ruhe und unbeschadet zu einer wunderschönen stolzen Blume heranwachsen konnte. Mit unserem neuen Glück zog natürlich auch die große Sorge bei uns ein. Was ist, wenn ich etwas falsch mache, etwas übersehe oder das Baby schwer krank wird? Durch Lucie war mir ja brutal vor Augen geführt worden, dass es nicht selbstverständlich ist, dass alles immer gut geht. Mein Vertrauen ins Leben war zu diesem Zeitpunkt stark erschüttert. Gerade für mich als Kontrollfreak war diese Ungewissheit absolute Folter. Doch Georgs Gelassenheit, Ruhe und Zuversicht halfen mir, und so traute ich mich auch ganz langsam, mein Glück zu fassen und die ersten Tage als Familie endlich zu genießen.

Eine Frage des Stillens?

Eigentlich kamen wir ja zu viert nach Hause: Lissi, Georg, ich und Symphony. Meine Hebamme riet mir, abzustillen und auf Flaschenfütterung umzusteigen. Da wusste ich, dass ich mich nach einer anderen Beratung umsehen musste. Ich wollte stillen, gerade wegen meines Diabetes – schließlich ist in Fertigmilch unglaublich viel Glukose enthalten. Ich wollte überhaupt alle notwendigen Maßnahmen ergreifen, die mir helfen würden, den plötzlichen Kindstod zu verhindern. Lissi hatte kein Kissen, keine Decke – sie schlief im Schlafsack. Ihr Raum war nie stark beheizt, das Fenster stand nachts offen und geraucht wurde in unserem Haus schon lange nicht mehr. Und ich wollte stillen!

Und weil man als Mama täglich dazulernt, kontaktierte ich eine professionelle Still- und Laktoseberaterin. Sie werden es nicht glauben, dieser Berufsstand hat sogar einen weltweiten gemeinnützigen Verein, der sich »La Leche Liga« nennt. Der Name ist Programm. Ein einziges Treffen mit Frau Klosters – und ich war eine einseitig stillende Mama. Ja, so was gibt es – es kommt sogar häufig vor! Den einen Busen stillten wir ab, damit der andere seine Produktion hochfuhr. Nach nur vier Tagen klappte das Stillen problemlos und Symphony zog wieder aus. Keiner weinte ihr nach. Wie ich in diesem Jahr aussah, können Sie sich sicher ausmalen. Rennen Sie mal wie eine einbusige Dolly Braster rum oder wie die Dame auch immer heißt. Ich stillte sechs Monate voll. In der Woche vor ihrem ersten Geburtstag verweigerte Lissi die Brust und forderte eine Flasche ein. Es war das Ende einer sehr innigen Mama-Kind-Phase. Erst verlassen die Babys den Bauch, doch dank dem Stillen bleibt eine wunderbare Nähe.

Es ist doch überhaupt ein Wunder, dass so ein Mamakörper – komplett autark – sein Baby ernähren kann. Zudem hat es für Mama und Kind so viele Vorteile: Das Baby hat Nestschutz und schmarotzt von Mamas Immunsystem, und Mamas verlieren – im besten Fall – die lästigen Pfunde. Also, alle Mamas außer mir! Trotzdem war dieses Jahr – in meinen Augen – eine heilvolle Win-win-Situation. Keine Fläschchen mitschleppen und auswaschen. Nachts nicht aufstehen müssen, sondern einfach im Bett liegen bleiben und die Brust auspacken.

Ich weiß, es gibt viele Mütter, die das Stillerlebnis nicht erfahren konnten – aus tausend unterschiedlichen Gründen. Zum Trost kann ich nur sagen, euch sind eingerissene Brustwarzen, Brustentzündungen, schmerzhafte Milchstaus und ungeplante Milcheinschüsse erspart geblieben. Jede Medaille hat eben zwei Seiten. Und vor Brustkrebs schützt das Stillen auch nicht. Eine meiner engsten Freundinnen hat nach zwei Kindern, nur sechs Jahre nach dem Abstillen, beide Brüste amputiert bekommen. Sie hatte ganze zwei Jahre lang nur Ärger mit dem Stillen und fragt sich heute, ob das der Auslöser für den Krebs war.

Im Nachhinein betrachtet, wären meine anfänglichen Stillschwierigkeiten obsolet gewesen, wäre Lissi nicht frühzeitig entbunden worden. Sie war einfach noch nicht reif für das Leben draußen. Im Nachhinein ist man natürlich immer schlauer.

So fühlt sich Leben an!

Unser erster April war warm und sonnig. Wir verbrachten viel Zeit im Garten. Als der Nabel abgefallen war, badeten wir Lissi zum ersten Mal. Und nein, ich habe den Nabel nicht aufgehoben. Lissi war von Anfang an ein großer Wasserfan – deshalb wunderte es mich auch nicht, dass sie mit nur vier

Jahren das Seepferdchen ergatterte. Ich werde die Gesichter der Erstklässler nie vergessen, die erneut zur Prüfung antreten mussten.

Mit Lissi durfte ich nun – als Mama – zum ersten Mal eine völlig normale, gesunde Kinderentwicklung miterleben: Mit knapp vier Wochen hob Lissi zum ersten Mal ihr Köpfchen. Im Juli folgte eine Eins-A-Rücken-Bauch-Drehung. Im August rollte und schob sie sich durch die Zimmer. Im Oktober gab es den ersten Brei, sie fand ihn fürchterlich. Dann zeigte sich der erste Zahn. Im November entdeckte sie, wie laut ihre Stimme werden und dass sie alleine sitzen konnte. Zu Beginn der Adventszeit zog sie sich an einem Stuhl hoch und stand. Wow, was für eine Perspektive! Ab da stand Lissi eigentlich nur noch. Genau einen Monat vor ihrem ersten Geburtstag machte sie ihre ersten Schritte. Von diesem Moment an war nichts mehr vor ihr sicher.

Im September 2008 startete Lissi in ihr Leben als Kitakind. Und ungefähr zu diesem Zeitpunkt fing sie an, ihre Grenzen auszutesten. Ich musste mir dringend Gedanken über ihre Erziehung machen. Das war allerdings gar nicht so leicht, wie Sie später noch lesen können.

Die richtige Entscheidung — wer weiß das schon?

Wenn man ein Baby und damit einen Haufen Verantwortung in die Wiege gelegt bekommt, steht man praktisch vor einer Mauer an Entscheidungen. Da man nicht für sich, sondern über ein anderes Wesen bestimmt, hat man natürlich Angst, falsche Entscheidungen zu treffen. Zu jedem Thema gibt es x unterschiedliche und widersprüchliche Ratgeber. Wo früher Oma sagte, wir haben das so gemacht …, vergeuden wir Mamas heute unendlich viel Zeit mit nächtlichen Internetrecherchen oder Ratgeberlektüre, anstatt auf unser Gefühl und unsere Kinder zu hören. Viel schlimmer noch, diese Recherchen schüren meist neue Ängste und Sorgen und den unerfüllbaren Wunsch, unsere Kinder vor jeder Gefahr zu beschützen.

Wir schlagen uns mit unzähligen Fragen herum wie: Entbinden wir im Kranken- oder in einem Geburtshaus? Natürliche Geburt oder Kaiserschnitt? Vor- und Nachteile einer PDA? Lassen wir das Vitamin K nach der Geburt spritzen oder verabreichen wir es in homöopathischen Dosen? Plastikwindel versus Windelservice? Im Krankheitsfall Antibiotika? Stillen oder Flaschenmilch? Impfen, ja oder nein? Frühförderung – welche und wie viel ist gut? Welche Kita oder Schule ist die richtige für unseren Spross? Ist die Freundin/der Freund der richtige Umgang? Und vieles mehr. Zu jedem Thema findet man mindestens zwei vermeintliche Experten, die absolut gegensätzlicher Meinung sind. Und dazwischen sitzen die frischgebackenen Eltern, die an sich schon mehr als genug mit der Frage zu tun hätten, wie sie denn nun verflixt noch mal an genügend Schlaf kommen sollen.

Ab dem Tag der Geburt zerbrechen sich Mama und Papa – und in den meisten Familien dann doch noch etwas mehr die

Mama – den Kopf über das Leben des Kindes. Ich habe festgestellt, es gibt Eltern, die machen sich mehr und andere eben weniger Gedanken. Ich mache mir definitiv zu viele Sorgen, aber ich kann einfach nicht raus aus meiner Haut. Wer definiert, wie groß die gesunde Portion ist? Wer legt fest, was normal ist? Georg und ich haben in allen wichtigen Punkten jeweils recherchiert und Gespräche – mit Gegnern und Befürwortern – geführt. Dann haben wir die Risiken abgewogen und eine Lösung gesucht, um das kleinstmögliche Risiko für unsere Kinder einzugehen, und bis jetzt sind wir zum Glück immer gut gefahren. Aber wissen Sie was: Einfach ist diese moderne Art des Erkenntnisgewinns nicht. Im Gegenteil, saumäßig anstrengend kann das sein.

Windeln: Plastik vs. Wäsche

Die Unmengen von Plastik, die bei uns im Müll gelandet sind, als unsere Kinder noch Windeln brauchten, waren die totale Umweltverschmutzung. Wie oft ich am Restmülltag noch Plastikbeutel mit vollen Windeln in die Nachbarstonnen gedrückt habe, kann ich nicht an meinen Händen abzählen. Dazu bräuchte ich noch die Hände einer kompletten Grundschule. Freunde von mir haben sich für einen Windelservice entschieden und waren damit sehr zufrieden. Außerdem werden Kinder mit Stoffwindeln viel schneller sauber, weil die Hose wirklich nass und das sehr unangenehm ist. Die Plastikwindeln saugen ja so gut und sind so schön warm, dass sie nicht wirklich stören. Da würde ich das Sauberwerden auch aussitzen.

Und wieso habe ich mich dann gegen den Windelservice entschieden? Ganz einfach. Ich hatte keinen Bock, neben meiner Arbeit und Lissi noch eine Baustelle mehr mit Liefer- und Abholterminen an der Backe zu haben. Ich war bequem und faul. Und ich finde das auch ganz okay. Und die Vorstellung, dass in meinem Keller die vollgesaugten Windeln direkt neben meiner Vorratskammer lagern, fand ich jetzt eher nicht so appetitlich.

Die richtige Namenswahl – gibt es nicht!

Zumindest nicht für Angehörige. Warum glauben eigentlich Tanten, Nachbarn und Kollegen immer, es würde mich interessieren, was sie über die Namen meiner Kinder denken? »Warum tauft ihr euer Kind nicht anständig mit Elisabeth, sondern so rotzig mit Lissi?« »Tja, weil uns Lissi halt rotzig besser gefällt!« »Das ist aber sehr, sehr schade.« Ich versuche doch auch, mich aus allen Angelegenheiten rauszuhalten, die kilometerweit davon entfernt sind, mich was anzugehen! WIR werden diesen Namen ein Leben lang aussprechen müssen. Liebevoll, sorgend, tadelnd bis wütend.

Mir war es primär wichtig, dass meine Kinder ausgefallene Namen tragen, die in keiner »die beliebtesten Vornamen der letzten drei Jahre«-Listen zu finden waren. Ich sage nur so viel: Meine Chefin heißt: Daniela. Meine Nachbarin hört auf: Daniela. Die Turntrainerin meiner Tochter: eine Daniela. Alle so in meinem Alter. Den Top-Namen einer Generation zu tragen, ist übel. Es führt nämlich dazu, dass man mit den verniedlichten Nachnamensformen konfrontiert wird. Erst war ich »Schacfchen«, dank der Hochzeit dann »Oefelchen«. Ich bin noch unentschieden, was besser war. Und ich wollte nicht, dass meine Kinder dasselbe Schicksal ereilt. Sie sollten sich mit ihrem Namen wohlfühlen. Nach einem Blick auf diese Liste fielen Hanna, Leonie, Lena, Anna, Lea, Lara, Mia, Laura und Lilly für meine Tochter schon mal aus.

Daniela Oefelein
An: Susanne Waack
03.10.2006 14:25

Liebe Susi,
Georg und ich wissen jetzt, wie unser Mädchen heißen soll: Lissi. Sag mir bitte nicht, was du darüber denkst, weil alle anderen hatten schon eine Meinung dazu. Wir sind fest entschlossen, weil »Lissi« fröhlich klingt, kein Modename ist und wir beide keine Lissi bis jetzt kennen. Der Name ist also nicht negativ besetzt! Also, was meinste? Ach, nee – behalt's für dich!

Susanne Waack
An: Daniela Oefelein
03.10.2006 15:12

Liebe Daniela,
ich stand neulich am Ausgang der Schulsporthalle. Da stand neben mir eine Frau, die brüllte fröhlich: »Moritz, Yannik« in den Raum. Ich war voll beeindruckt, weil, mir reicht ja schon Max – und die Arme hatte Zwillinge. Ich suchte den Dialog: »Sind Zwillinge in diesem Alter jetzt eher von Vorteil oder doch doppelte Arbeit?« Die Dame schaute mich völlig irritiert an. Da kam auch schon ihr Spross. Sie schupste ihren Filius in

Richtung Ausgang und sagte: »Beeil dich, Moritz-Yannik – wir sind spät dran.« Noch Fragen?

Daniela Oefelein
An: Susanne Waack
03.10.2006 15:28

Ich verfolgte neulich das Gespräch zweier Mütter: »Wie schreibt man Ihre Eileen denn? E I L E E N?« »Nein. Unsere schreibt sich mit A!« »Ach. Also, A I L E E N?« »Nein, mit »Y«.« »Also, AY L E E N?« »Nein, hinten mit I.« Da bin ich inhaltlich ausgestiegen. Das passiert uns nicht. Man muss sich den Namen in verschiedenen Situationen laut vorsagen: »Ich habe dich lieb, Lissi«, funktioniert genauso gut wie: »Jetzt räum deinen Scheiß hier endlich weg, Lissi.« Der Ton bleibt irgendwie freundlich, oder?

Praktisch – ein Name für alle Fälle! Und was macht Mama aus diesen – wohlüberlegten – Namen? Lissi nenne ich gern Mäuschen und wenn ich mich geärgert habe, ist sie die Motte. Unser Sohn Charly ist entweder mein Spätzchen oder eben der Lauser.

Geschwisterliebe oder -hiebe?

Sie fragen sich jetzt wahrscheinlich, ob es mir mit unserer Vorgeschichte denn leichtfiel, mich für eine dritte Schwangerschaft zu entscheiden. Die Antwort ist simpel: Charly nahm mir die Entscheidung ab. Er kam trotz Pille. Sie sehen, meine Kernkompetenz liegt definitiv nicht bei der Kinderplanung.

Zu diesem Zeitpunkt arbeitete ich wieder als Redakteurin für den Marienhof. Leider waren die Einschaltquoten damals unter zehn Prozent Marktanteil gerutscht, und der Sender hatte beschlossen, sich von diesem Format zu verabschieden. Ich gab dem guten alten Marienhof sozusagen sein letztes Geleit.

Ich hatte damals arge Probleme, die richtige Verhütung zu finden. Das erste Hormon machte mich aggressiv, das zweite schlug nicht an, das dritte wiegte mich in falscher Sicherheit, und als ich das Gefühl hatte, meine Brüste würden demnächst platzen, machte ich einen Test. Überraschung, Überraschung – der war positiv. Eine dritte Schwangerschaft, obwohl mir Ärzte mal prophezeit hatten, dass ich auf natürlichem Weg niemals Kinder kriegen würde. Obwohl ich mich irre freute, wurde ich auch von meinen alten Ängsten heimgesucht.

Der Besuch bei meiner Ärztin bestätigte das Ergebnis. Das Unglaubliche war aber, dass sich dieses Baby denselben geplanten Geburtstermin wie unsere Lucie ausgesucht hatte. Ich bin kein Anhänger der schwarzen Magie oder werfe mit Hühnerknochen, um Entscheidungen zu fällen – aber das kam mir schon irgendwie unheimlich vor. War das Seelenwanderung? Forderte da ein Wesen sein Recht auf Leben ein? Würde es am Schluss sogar wieder ein Mädchen werden?

Auch diese Schwangerschaft wollten wir erst mal für uns behalten. Doch Lissi machte uns einen Strich durch die Rechnung. Als ich sie in der 9. Schwangerschaftswoche von der Kita abholte, nahm mich die Leiterin in die Arme und gratulierte mir herzlich zum Brüderchen. Können Sie sich mein Gesicht vorstellen? Ich war komplett überrumpelt. Ich gestand zwar, schwanger zu sein, aber das Geschlecht war ja noch lange nicht bestimmt. Als ich Lissi fragte, warum sie denke, dass sie ein Brüderchen bekäme, antwortete diese: »Mia und Alexander bekommen ein Brüderchen – das ist ungerecht. Ich will auch eins!« Sie wusste also gar nicht, dass ich schwanger war, aber sie hatte wohl so etwas wie einen sechsten Sinn dafür. Ich lächelte und verriet noch nichts.

Als alle Tests unauffällig waren, grübelten wir, wie wir Lissi die frohe Botschaft übermitteln könnten. Wir kauften das Buch »Unser Baby« und klebten unser Ultraschallbild hinein. An einem Wochenende kuschelten wir im Bett und lasen das Buch vor. Als wir ihr sagten, das Baby auf dem Bild würde ihr Geschwisterchen werden, machte sie nur große Augen, stand auf und verließ das Zimmer. Wir hatten mit einer anderen Reaktion gerechnet. Georg und ich kämpften mit den Tränen. Da hörten wir aus dem Nebenraum ihr piepsiges und freudiges Stimmchen: »Lümmel, wir bekommen ein Baby. **Nur wir zwei!**« Mein Herz wollte vor Freude explodieren und natürlich wäre es mir sehr lieb gewesen, hätte der Kater tatsächlich dieses Baby austragen können.

Ab diesem Moment ließ Lissi die ganze Welt an unserer Freude teilhaben! Mehrmals täglich gab sie der Kugel Bussis. Der Bauch musste auch immer mit ihr in die Badewanne, und Lissi ließ nun meinen Wanst – nicht mehr mich – an ihrem Leben teilhaben. Ich war so glücklich, dass Lissi sich darauf freute, bald nicht mehr allein zu sein.

Anfang August 2010 erfuhr ich, dass ein Junge in meinem Bauch schaukelte. Das Ergebnis war keine große Überraschung – Lissi hatte das ja schon Wochen zuvor gespürt. Da ich schlecht darin bin, Geheimnisse für mich zu behalten, waren die nächsten zwei Tage die absolute Folter. Erst dann schenkte ich Georg – zu seinem 40. Geburtstag – einen blauen Schnuller. Er taumelte vor Glück, weil dieser Junge endlich den Frauenüberhang im Haushalt ausgleichen würde: Georg sollte Rückendeckung bekommen. Wie oft hatte sich er von Lissi anhören müssen: »Egal, um was es geht, Papa, ich bin auf Mamas Seite.«

Den perfekten Jungennamen zu finden, ist eine Odyssee. Es gibt so viele erdrückende Namen. Wer erwartet schon, dass ein 98 Zentimeter großer und circa 12 Kilo schwerer Racker am Spielplatz anrückt, nachdem Mama laut »Karl-Theodor, komm sofort her!« gerufen hat? Mal unter uns – kann ein Karl-Theodor-Kind jemals glücklich werden?

In unserem Bekanntenkreis trägt ein armer Tropf tatsächlich den Namen Adrian, nur weil er in einem Adria-Wohnwagen gezeugt wurde. Das sind Fakten, die den weiteren Lebensweg durchaus prägen können. Und zwar auf negative Weise.

Georg gefiel Otto. Nein, das ist kein Scherz – er meinte das ernst! Ich verbinde diesen Namen mit einem dicken Klops, der immer Hunger hat. Da bin ich geprägt vom Kleinen Nick.

Ich akzeptierte Otto als Platzhalter. Ich wollte einen Namen, den ich gerne am Spielplatz rufen würde, ohne dass sich die anderen Mütter heimlich fremdschämen müssten. Dem sechzehnjährigen Otto sollte es natürlich auch nicht peinlich sein, wenn ihn seine Kickerkollegen später auf dem Fußballfeld anfeuern würden.

Zudem sollte der Name zu Lissi und unserem Nachnamen passen. Wir einigten uns auf Charly! Dem Himmel sei Dank hatte Lissi es in der Zwischenzeit geschafft, ihren Vater von der Fehlbarkeit seines Favoriten zu überzeugen: »Aber Papa, Otto ist doch kein Name!« Die Großeltern fanden wiederum, dass Charly kein Name für einen zukünftigen Bankvorstand sei. Also schauten wir uns die bayerischen »Helden« mal genauer an und entschlossen uns für einen zweiten Vornamen: Ludwig. Mit einem Namen, der erfolgreich Königreiche regiert hatte, sollte unser Sohn auch eine Finanzkrise wuppen können!

Charlys Geburt

Da ich ein monogam veranlagter Mensch bin, kamen mir mit dem näherrückenden Geburtstermin Zweifel, ob ich überhaupt in der Lage sein würde, jemals ein zweites Kind so lieben zu können wie meine Lissi. Lissi und ich, wir hatten einen vierjährigen Vorsprung an gemeinsamer Zeit, Dialogen und Erlebnissen. Da wir viel alleine waren, verband uns ein dickes Band. Was auch immer sie in den letzten Jahren bewegt, interessiert und bekümmert hatte – ich war immer für sie da gewesen. Bis jetzt war ihr Bruder nur ein Bauch. Wie würde sie es finden, wenn er real und fordernd sein würde? Permanent am Busen ihrer Mama hinge? Und Mama plötzlich nicht mehr nur für sie da sein konnte? Bald würde ein Bruder auf unserem Feld mitspielen. Wir würden eine neue Mannschaft sein. Ich war aufgeregt und gespannt darauf, wie sich das Zusammenspiel gestalten würde. Natürlich hatte ich auch Angst vor dem Kaiserschnitt. Was wäre mit Lissi, wenn mir bei diesem Eingriff etwas zustoßen würde? Und da waren sie mal wieder, die allgegenwärtigen Sorgen einer Mama.

Für die Geburt hatten wir organisiert, dass Lissi die ersten zwei Nächte bei den Großeltern verbringen würde, damit Georg mir und Charly zur Hand gehen konnte. Es war das erste Mal, dass Lissi und ich – unausweichlich – getrennt sein würden.

Am 27. Januar 2011, um 10:43 Uhr, gesellte sich Charly zu uns. Er wurde von Lissis Ärztin entbunden. Ihre Worte waren: »Ui, ein Blonder.« Nach einer kurzen Pause sagte sie mit Blick zu Georg: »Einen Vaterschaftstest brauchen wir nicht!« Charly brüllte brav und wurde mir – anders als Lissi – erst mal für zehn Minuten auf die Brust gelegt. Ich konnte ihn sehen und riechen. Er war so ein hübsches, ein zartes Würmchen. Ich muss vermutlich nicht erwähnen, dass ich wieder geheult habe.

In dieser Sekunde stand fest: Um 10:43 Uhr war in mir eine neue, bis dahin unentdeckte Schublade voll bedingungsloser Liebe, Freude, Sorge und Angst geöffnet worden. Das waren alles Gefühle, die ich ab diesem Tag nur für Charly empfinden würde. Ohne etwas aus Lissis Schubfach stehlen zu müssen. An diesem Donnerstag geschah aber noch etwas anderes. Aus Lissi wurde eine große Schwester. Sie war kein

Einzelkind mehr. Lissi und Charly waren Geschwister. Wenn alles gut geht, ein Leben lang.

Ich hatte keine Vorstellung davon, wie emotional das erste Aufeinandertreffen werden sollte. Als Lissi den Raum betrat, spürte ich ihre Anspannung, ihre Ehrfurcht und ihre Vorfreude auf das neue Leben. Sie hatte ihr Lieblingskleid angezogen und sich eine niedliche Frisur gemacht. Ganz klar, sie wollte ihrem Brüderchen gefallen. Das rührte mich zu Tränen – gegen die ich natürlich ankämpfte, denn ich wollte Lissi diesen großen Moment nicht zerstören.

Lissi bewegte sich ganz langsam und vorsichtig auf mich zu. Ich sagte, sie solle sich zu mir aufs Bett kuscheln, nahm sie in den Arm und gab ihr ein Bussi: »Du bist seit heute nicht mehr nur mein kleines Mäuschen, sondern eine große Schwester.« Lissi (ernst): »Wo ist mein Charly?« Georg holte ihn aus dem Bettchen und legte ihn in Lissis Arme. Es herrschte Stille. Sie hielt sein Köpfchen ganz vorsichtig. Liebevoll wanderte ihr Blick über ihr Brüderchen. Dann sagte sie fest und entschlossen: »Hallo. Ich bin die Lissi, ich pass jetzt auf dich auf!« Und da musste ich weinen. Ich ließ meinen Tränen freien Lauf. Lissi sah zu mir und sagte: »Gell, Mama, das ist mal wieder zu schön für dich?« (Das ist immer meine Ausrede, wenn ich bei Filmen an traurigen Stellen weine.)

Und Lissi hielt Wort. Sie ließ ihren Bruder ab diesem Tag nicht mehr aus den Augen. Als sie mit Oma und Opa gehen musste, weinte sie bitterlich. Es war das erste Mal, dass ich nicht für meine Tochter und ihren Kummer da sein konnte. Die folgenden zwei Tage im Krankenhaus waren für mich das blanke Grauen. Mein ganzer Körper schmerzte, weil ich sie nicht bei mir haben konnte. Der Kaiserschnitt und ihr Bruder verhinderten das. Deshalb beschloss ich auch schon an Tag drei, das Krankenhaus zu verlassen.

Charly – die beste Puppe der Welt!

Endlich zu Hause. Lissi war die aufmerksamste Schwester und Charly die beste Puppe der Welt. Unsere erste Nacht war allerdings sehr komisch. Kurz vor der Geburt hatten wir extra ein Zweimetervierzig-Bett gekauft. Für Charly gab es ein Beistellbett. Als er gegen Mitternacht seinen Hunger mitteilte, wachte Lissi natürlich auch auf. Charly trank und schlief weiter. Lissi aber war wach. Sie erzählte uns fröhlich, was sie und Charly an diesem Tag alles erlebt hatten. Sie schlief erst kurz vor der nächsten Fütterung wieder ein. Sie fand das neue Leben hochspannend. Endlich hatte sie Publikum. Charly verfolgte jeden ihrer Schritte.

Da im Kindergarten ein Virus tobte, beschlossen wir, Lissi die ersten zwei gemeinsamen Wochen daheim zu behalten. Das war eine gute Entscheidung. Sie wich nicht von Charlys Seite. Lissi lag mit ihm auf einer Decke und las ihm ihre Kinderbücher vor – natürlich frei erfunden. Wir hatten ihr zur Geburt eine Spielpuppe, die trinken und pinkeln konnte, geschenkt. Die saß allerdings traurig und einsam in der Ecke. Lissi wickelte und beschmuste Charly, aber nach einer Woche war ihr klar, daheim würde sie vormittags – außer Wickeln und Stillen – nicht viel verpassen. Im Kindergarten jedoch schon!

Lissi liebte es, den Kinderwagen zu schieben. Als sie unseren Käseladen am Willibaldplatz zum ersten Mal mit Kinderwagen betrat, schrie sie stolz: »Tatatata, mein Brüderchen ist da!«

Als Charly ihr mit vier Monaten zeigte, dass er sich schon prima vom Rücken auf den Bauch und wieder zurück drehen konnte, rief Lissi: »Gell, Mama, bald kann ich mit Charly richtig spielen! Das wird schön.« Es machte mich glücklich, dass Lissi sich so sehr über ihren Bruder und seine Anwesenheit freute. Ihre Freundin Mia hingegen wünschte sich mittlerweile zu ihrem Geburtstag nur eins: »Mama, ich will, dass der Lukas wieder weg ist.«

Schließlich konnte Charly stehen – aber nur, wenn es etwas zum Festhalten gab. Und Lissi ließ ihn nicht mehr aus ihren Händen. Sie übten und übten. Das neue Jahr brachte einen Meilenstein nach dem anderen. Plötzlich folgten Charlys erste Schritte. Endlich konnte er – ohne Hilfe – Lissis Verfolgung aufnehmen.

Nie mehr allein

Zu meiner Verteidigung: Seit Kain und Abel – also seit dem Urknall – ist es keiner Generation gelungen, die Eifersuchtsproblematik zwischen Geschwistern zu lösen. Im Gegenteil. Wir sind Lichtjahre davon entfernt. Immer schon haben sich Geschwister gestritten, verraten, auf den Scheiterhaufen gebracht, mit Keulen niedergedroschen, vergiftet, duelliert, rücklings abgemurkst und gedisst.

Mama will nur ungern Partei ergreifen. Objektiv gesehen, haben bei diesen Meinungsverschiedenheiten meist beide Wichte irgendwie recht. Was für Mamas nach einem Streit folgt, ist besonnene und detektivische Kleinstarbeit: Wer hat angefangen? Was war der Auslöser? Wer hatte den Gegenstand zuerst? Wem gehört er ursprünglich? Nach der Tatortsicherung heißt es, eine faire Lösung für beide zu finden. Das ist für Mamas natürlich so realistisch wie ein Date mit Ryan Gosling. Genauso gut könnte man versuchen, auf einem Drahtseil über den Grand Canyon zu watscheln.

Beispiel: Die sechsjährige Lissi spielt mit dem ferngesteuerten Auto des dreijährigen Charly. Was auch okay ist – weil, sie teilt ja alles bedingungslos mit ihm. Charly sieht das jedoch völlig anders! Obwohl er eigentlich gerade mit seiner Rennbahn zugange war, fordert er laut kreischend sein Auto ein. Ich erkläre ihm geduldig, dass Lissi es sich ja nur ausgeliehen hat und er es später zurückbekommt. Charly wirkt befriedet. Ich drehe mich um. Und sehe gerade noch, wie Lissi ihm so richtig schön provokativ die Zunge rausstreckt und Charly daraufhin gezielt sein Matchboxauto nach seiner Schwester schmeißt. Das Ding landet mit Karacho in ihrem Gesicht, sie weint und schlägt zurück, ein rechter Schwinger landet irgendwo an Charlys Kopf. Nun kreischen beide.

So weit, so gut. Zuschlagen heiße ich natürlich nicht gut. Aber wo soll ich denn da jetzt bitte lösungsorientiert eingreifen? Reagiere ich gar nicht, schlagen sie sich weiter die Köpfe ein. Wenn ich das Auto jedoch aus dem Verkehr ziehe und wegsperre, verletze ich Lissi und Charly ist auch stinkig auf mich. Ich bin dann der Buhmann, der die nächsten 30 Minuten ein bockiges und ein flennendes Kind an der Backe hat – obwohl ich nicht am ursprünglichen Streit beteiligt war. Deshalb versuche ich mich so oft wie möglich da rauszuhalten. Ich darf doch auch mal egoistisch sein.

Ich akzeptiere die Tatsache: Geschwister lieben und hassen sich nun mal, und bei allen Geschwistern gibt es eine klare Rangordnung. Bei meinen sieht diese wie folgt aus:

Die Erste und der Zweite

Lissi musste seit Charlys Geburtstag auf sehr viel verzichten. Sie stand – von einer Minute auf die andere – in der zweiten Reihe. Plötzlich sollte sie vernünftig und selbstständig sein. Der Tagesablauf wurde dem Tempo des Wurms angepasst und war auf einmal fad. Die Laune ihrer Mama war nächteabhängig. Mama war nie mehr so entspannt wie davor. Der Vorteil: Mama verbessert und schimpft – aber nicht mehr nur sie!

Was Zweitgeborene angeht, bin ich parteiisch. Ich habe eine große Schwester, die ich sehr liebe und bewundere. Sie ist fünfeinhalb Jahre älter als ich. Doch ab dem Moment, ab dem ich denken konnte, stand fest: Ich brauche dringend meine eigene Nische. Denn so gescheit wie sie würde ich nie werden! Sie ist eine vorausschauende, in sich ruhende Diplom-Mathematikerin, ich bin eine impulsive, emotionale Autorin. Menschen, die mit Zahlen rechnen, machen mir Angst. Wobei man mit Rechnen – ohne Zweifel – deutlich mehr Geld verdient.

Sind Sie zufällig auch zweitgeboren? Wissen Sie noch, wie es sich angefühlt hat, mit 15 die Klamotten der größeren Schwester aufzutragen? Stylemäßig gesehen – wie im Mittelalter.

Doch natürlich hatte diese Position auch einen großen Vorteil, ich musste um nichts kämpfen. Für mich wurde alles schon im Vorfeld geklärt: Taschengeld, Ausgehzeiten und vieles mehr. Ich fand es praktisch, die Zweite zu sein. Meine Mutter arbeitete allerdings auch nicht – sie kümmerte sich nur um uns. Wir waren ihr privates Vier-Mann-Unternehmen. Aber die Zeiten haben sich geändert und ich liebe meine Arbeit eben auch. Für mich wäre es unerträglich, nur Hausfrau und Mutter zu sein.

Bei Charly erlebe ich nun, was für ein Nachteil es ist, das zweite Kind einer arbeitenden Mutter zu sein. Mit Lissi bin ich beim PEKiP noch durch Babyurin gerutscht. Eine Erfahrung, die Charly – aus gutem Grund – nie machen durfte. Sein Tagesablauf richtete sich, von Anfang an, nach meinen Arbeitszeiten und Lissi. Wollte er als Baby Mittagsschlaf machen, wurde er geweckt, weil wir die Schwester vom Kindergarten abholen mussten. Und Lissi hat natürlich auch schon Hobbys: Also spielt Charly am Mittwoch mit Mama am Reiterhof oder wartet montags auf einem Spielplatz, bis Lissis Sporteinheit zu Ende ist. An den drei anderen Nachmittagen arbeitet Mama. Bleibt also kein Nachmittag für ein Charly-Hobby. Dabei singt Charly doch so leidenschaftlich gern und ist eine echte Sportrakete. Aber seine arbeitende Mama weiß beim besten Willen nicht, wie sie es zeitlich und logistisch hinbiegen soll, dass auch er noch speziell gefördert wird. Natürlich habe ich deshalb ein schlechtes Gewissen, aber alles unter einen Hut zu bringen, geht eben nie.

Zurück ins Jahr 2012

Sosehr sich Lissi über Charlys neuen Laufmodus freute, so schnell folgte die Ernüchterung. Konnte sie bis dahin auch mal in Ruhe mit ihrer Mama schmusen oder sich alleine in ihr Zimmer verdrücken, lief ihr nun – permanent – ihr Schatten Charly nach. Forderte sie mal Mamazeit ein, quetschte sich natürlich der Lauser dazwischen. Klar, er kannte das ja auch nur so – und das war für Lissi eigentlich auch okay. Nur dass ihr kleiner Bruder plötzlich mit Fäusten und Bissen seine Interessen durchsetzte, überforderte Lissi komplett. Anfangs ließ sie das stoisch über sich ergehen und wehrte sich nie. Das machte mich wahnsinnig. Sie hätte ihn schubsen, zwicken oder anschreien dürfen. Stattdessen polterte ich dann den Winzling in Grund und Boden. Ich sperrte ihn sogar – nach so einer Zornesattacke – auch mal in seinem Zimmer ein, um Lissi in Ruhe trösten zu können. Natürlich fühlte ich mich schlecht, weil er sich – im wahrsten Sinne des Wortes – ausgeschlossen vorkam und erbärmlich jammerte. Aber ich wusste mir nicht anders zu helfen.

Als ich 2012 versuchte, nach meiner Babypause wieder beruflich Fuß zu fassen, musste meine Tochter meine Aufmerksamkeit nicht mehr nur mit Charly, sondern einer weiteren

Priorität teilen. Mir fiel wohl auf, dass Lissi immer stiller wurde. Doch als sie anfing, ihre Finger und Fußnägel abzunagen wie ein Biber seine Äste, sah ich rot. Es tat mir in der Seele weh, wenn sie gedankenverloren an sich herumknusperte. Ich hatte definitiv mein Mamagleichgewicht verloren und dabei Lissi übersehen: Mein Mäuschen vermisste den sicheren Platz an meiner Seite. Die volle Liebe und Aufmerksamkeit, die sie vier Jahre lang ganz alleine genossen hatte. Ich erkannte, wie wenig sie dem körperlichen Kampf mit Charly – einem sehr entschlossenen Einjährigen – gewachsen war. Und ich verlangte natürlich automatisch von meiner Erstgeborenen, aus Rücksicht auf das kleine Geschwisterchen, allgegenwärtiges Verständnis. Mein Gott, wie blind ich war. Lissi war doch auch noch nur ein Kind! Zwar ein Kind, das schon alleine aufs Klo gehen, selber essen und sich die Schuhe anziehen konnte – aber trotzdem noch ein Kind, das seine Mama brauchte. Aus ihrer Sicht war unsere Lebenssituation total ungerecht. Aber Georg war mal wieder nicht da und ich konnte mich nicht teilen.

Charly konnte auch nichts dafür. Für ihn war klar, dass Mama nur für ihn da zu sein hatte. Mama wickelt ihn, redet mit ihm, kocht für ihn. Ohne seine Mama wäre der kleine Zwerg völlig verloren. Lissi, sein Papa und ich waren seine einzigen Bezugspersonen. Und er versuchte mit all seiner Kraft, seinen Platz zu finden. Beide Kinder waren haltlos und ich stand überfordert zwischen ihnen. Beide hatte ich aus ganzem Herzen lieb, und zwar gleich lieb. Aber wie konnte ich das so ausdrücken, dass beide davon satt wurden?

Meine Lösung sah damals so aus: Ich schaffte für Lissi und mich wieder Mutter-Tochter-Zeitinseln. Charly durfte dann zu Oma und Opa. Wir Mädels gingen Ponyreiten, shoppen, ins Kino oder baden. Ich hatte dann nur Augen und Ohren für sie. Wir bastelten und lasen Bücher. Nur wir zwei – so wie früher. Wir machten sogar alleine Skiurlaub. Währenddessen richtete Georg für Lissi im Dachgeschoss ein eigenes Playmobilzimmer ein. Vor die Treppe kam ein Sicherheitsgitter. So konnte sie nun wieder in Ruhe ihren Pferdehof aufbauen – ohne dass er gleich wieder zerstört wurde. Es dauerte nicht lange, und Lissi hörte auf, an ihren Händen zu knabbern.

Susanne Waack
An: Daniela Oefelein
08.01.2015 10:05

Liebe Daniela, du hast ausnahmsweise mein Mitleid. Ich war mit meiner Schwester und ihren zwei Jungs (mittlerweile auch schon zehn und acht Jahre) im Skiurlaub. In EINER Ferienwohnung. Nie wieder! Jetzt waren die den ganzen Tag beim Skifahren, trotzdem haben die abends gestritten und gezankt, was das Zeug hält. Du, die haben sich in den Schwitzkasten genommen und sich in den Bauch geboxt, mir ist ganz übel geworden. Meine Schwester sitzt am Tisch und liest – seelenruhig – die Gala. Ich: »Sorry, Tina. Willst du vielleicht mal eingreifen?« Tina (ohne aufzugucken): »Nö.« Ich: »Ist das normal?« Tina: »Ja.« Ich: »Wie hältst du das nur aus?« Tina (völlig selbstverständlich): »Ich nehm Beruhigungsmittel!«
Ist das mit zwei Kindern immer so laut und anstrengend? Horror. Ich bin schrecklich froh, nur ein niedliches Exemplar zu haben. Max sagte abends beiläufig: »Schade, dass Tante Tina kein Guppi ist!« Ich: »Wieso?« Max: »Weil dann hätte sie sicher gleich nach der Geburt einen von diesen zwei Vollpfosten aufgefressen!« Ich (schmunzelnd): »So redet man nicht über die

Familie.« Max findet Skifahren jetzt uncool. Er fährt nur noch, wenn die Wii-Box mit im Spiel ist. Super Weihnachtsgeschenk! Danke auch.

Daniela Oefelein
An: Susanne Waack
08.01.2015 19:25

Sagen wir es mal so: Ich habe eine Bekannte, die hat drei Kinder. Neulich hatte ich einen kinderfreien Nachmittag (weil Charly und Lola auf einer Party waren), da wollte ich sie auf einen Kaffee besuchen. Drei laut tobende Jungs, die sich direkt vor unseren Augen die Köpfe einschlugen. Ich konnte gar nicht hinsehen, wie grob die zueinander waren. Sie starrte zwei Minuten lang – völlig regungslos – auf die Szene, wandte sich dann zu mir und fragte völlig unbekümmert: »Auch Lust auf ein Glas Frohsecco?« – es war erst kurz nach 15 Uhr. Ich (baff): »Aber draußen ist es doch noch hell!« Sie: »Die Regel gilt bei mir seit letztem Sommer nicht mehr.« Ich: »Oh. Äh. Du, mmh – ja, gern!« Prosecco am Nachmittag … vertreibt Kummer und Sorgen! Zu Risiken oder Nebenwirkungen frag ich bei Gelegenheit mal meinen Arzt oder Apotheker.

Heute, drei Jahre später, gehen meine beiden Kinder sehr respektvoll miteinander um. Lissi und Charly spielen oft stundenlang und sehr einfallsreich Seite an Seite. Charly darf auch mit ins Playmobilzimmer, die Treppensperre ist entfernt. Natürlich streiten sie auch ab und an – aber es werden dabei keine Haare mehr ausgerissen.

Neulich, als Charly und ich Lissi von der Schule abholten, wurde sie gerade von einem Klassenkameraden geärgert. Da ging der vierjährige Lauser auf den Zweitklässler zu, schubst ihn und sagt: »Ey da, lass meine Schwester in Ruh!« Der Pennäler traute seinen Augen nicht und verzog sich. Lissi war mächtig stolz auf ihren Bruder und Mama nur froh, dass der Junge Charly keine betoniert hat.

Die gute Figur – eine miese Verräterin!

Laut Wikipedia steht das Wort Figur für Gestalt, Gebilde oder ein fiktives Wesen. Fakt ist, für eine Mama ist die gute Figur – reine Fiktion!

Schwangeren Fernsehmamas schnallt man eine Bauchattrappe aus Silikon um die Hüften, die dann monatlich angepasst wird. Erinnern Sie sich vielleicht an Uschis Schwangerschaft bei »Dahoam is Dahoam«? Nach Franzis Geburt sah sie gleich wieder tipptopp aus – mal abgesehen von ihrer Schwangerschaftsdepression. Bei mir war das natürlich anders. Ich weiß noch genau, wie aufgeregt ich war, als der Schwangerschaftstest das zweite Mal positiv ausfiel. Keine Frage. Schwanger zu sein, ist das Schönste, was mir in meinem Leben passiert ist. Ich erinnere mich, wie ich bei allen drei Kindern so um die 16. Schwangerschaftswoche dieses leichte Kitzeln im Bauch spürte, das sich dann zu einem großen Klopfen, Purzeln und Treten auswuchs. Ein wunderbares Gefühl!

Mit Lissi an Bord fühlte ich mich stark für zwei. Meine Haut, meine Brüste waren so straff wie noch nie zuvor – was bei 24 Kilo Gewichtszunahme natürlich selbsterklärend ist. Ich möchte an dieser Stelle aber auch nicht unterschlagen, dass dieses Glücksgefühl eine unbedingt nennenswerte Schattenseite hat! Eigentlich ist die zehnmonatige Schwangerschaft der Vorbote der kompletten Selbstaufgabe einer freien Frau. Diese folgt spätestens direkt nach dem Geburtstermin, häufig aber auch schon mit dem positiven Schwangerschaftstest. Es ist ein bisschen wie zu DDR-Zeiten: ab dem Streifen – totale Fremdbestimmung!

Der Zwerg gibt vor, was du essen und trinken darfst beziehungsweise musst. Der Wurm entscheidet auch, wann und wie oft du nachts zum Pinkeln gehst, ob du dir die Seele aus dem Leib kotzt, stolze Besitzerin von Stützstrümpfen wirst oder ab dem dritten Monat im Krankenhaus liegst, um einen möglichen Abgang zu verhindern.

Wenn man so wie ich – als Kind – nicht an Toxoplasmose erkrankt ist, bedeutet der rote Streifen auch einen Verzicht auf Carpaccio, Salami, Parmaschinken, Rohmilchkäse und Konsorten. Für mich kam das praktisch einer Nulldiät gleich. Nicht mal Parmesankäse durfte auf die Spaghetti. Ganz zu schweigen von dem Glas Wein, das nur noch der werdende Vater trinkt. Ich frage mich heute noch, was eigentlich zu diesen 24 Kilo Mehrgewicht geführt hat? Denn ich durfte nichts von dem essen, wonach es mich gelüstete. Trotzdem geriet mein Körper total aus den Fugen. Bestimmt hatte da mein Diabetes seine Hand mit im Spiel, die mich zu einem wahren Insulinjunkie werden ließ. Und glauben Sie mir, es fühlt sich absolut scheiße an, wenn man – dank zu viel Insulin – in den Unterzucker rauscht und dann zittrig, mit Schweißausbruch, versucht, zwei Schokocroissants praktisch unzerkaut zu schlucken, um nicht ohnmächtig zu werden.

Nach der Geburt folgte das große Aufrechnen: Das Kind wog stolze 2890 Gramm. 24 Kilo – 2890 Gramm = 22,1 Kilo – die blieben! Keine gute Bilanz. Die große Hoffnung, der Rest würde durch das Stillen weggehen, blieb erst mal – ganze 12 Monate – unerfüllt. Der Blick in den Spiegel glich einem Schlag ins Gesicht. Meine Hüften gingen praktisch als integrierte Stillkissen durch, und vermutlich befand sich da irgendwo zwischen Hängebusen und Oberschenkelstampfern auch noch eine Taille, die ich leider nur nicht finden konnte, weil der Restbauch den Blick nach unten versperrte! Meine Oberschenkel waren so dick wie ... – sagen wir es mal so, nicht jede fast 40-Jährige kann Beinchen wie Kate Moss haben!

Zu diesem Zeitpunkt wurde mir auch klar, wieso es Badekleider gibt. Das Baby ist ja auch erst mal ein prima Grund, keine öffentlichen Bäder zu besuchen und die Badesaison einfach ausfallen zu lassen. Wenn man sich in seiner Haut so überhaupt nicht mehr wohlfühlt, hat man wirklich keine Lust, auch noch das Tratschthema Nummer eins im Viertel zu werden. Riesig freut man sich auch über die Fragen nach einer möglichen neuen Schwangerschaft. Wer antwortet schon gerne mit: »Nein, Lissi bekommt kein Geschwisterchen! Ich bin halt einfach noch fett.«

Mein Selbstwertgefühl war zu diesem Zeitpunkt leider aus. Ich ertappte mich dabei, dass ich alle Fotos – von Mama mit ihrem Wunschkind – verabscheute. Teilweise fragte ich mich, welche Fettel da eigentlich mein Kind in den Armen hielt? Bis ich schmerzhaft erkannte – ah, das bist ja du! Ich ging so weit, dass ich die Fotos mit Eddingstiften verunstaltete. Meine Taktik, den Kilos den Kampf anzusagen, sah so aus: Ich meldete mich in einem Fitnessstudio an. Ebenso gut hätte ich dem Nikolaus Ballettschuhe schenken können – denn zu diesem Zeitpunkt war ich noch lange nicht bereit, meine Lissi in fremde Hände zu geben. 12 Monate lang überwies ich sportlich den monatlichen Beitrag und trat dann wieder aus. Wenigstens ein bisschen Bewegung. Die nächste List bestand im Kauf eines Sportkinderwagens und eines schicken Paares Joggingschuhe. Aber um 22,1 Kilo loszuwerden, muss man schon mindestens drei Stunden am Tag durch den Park schwitzen. Natürlich spielten da meine Knie und Lissi nicht mit. Wer sitzt schon gerne so lange in einem Kinderwagen? Mit drei Jahren?

Daniela Oefelein
An: Susanne Waack
20.04.2010 10:02

Ich sage nur: 1,75 groß und 75 Kilo schwer ergibt wahrscheinlich keinen guten Body-Mass-Index, oder? FRUST.

Susanne Waack
An: Daniela Oefelein
20.04.2010 10:05

Die gute Figur ist ein Trend, der von euch Medienfuzzis bestimmt wird! Dank »unserem« Fräuleinwunder steht derzeit fälschlicherweise wieder das dürre Knochenskelett mit etwas Haut ganz oben in der Top Ten. Es kommt nicht aufs Äußere an, die inneren Werte zählen doch auch. Eva war's doch egal, wie sie nach der Geburt von Kain und Abel ausgesehen hat! Heul leise! Oder doch Weight Watchers?

Aus Mitleid über meinen Pummelfrust schenkte mir meine Mutter die rettende Metabolic-Balance-Diät. Und siehe da, die Pfunde purzelten – wie von allein. Endlich konnte ich mich – drei Jahre nach Lissis Geburt – von meinem Schwangerschaftsgewand verabschieden. Ich schnappte meine Kreditkarte und shoppte wie verrückt, ich kaufte hippe und figurbetonte Klamotten. Ich fühlte mich wieder leicht wie eine Feder, und es machte endlich sogar richtig Spaß, Fotos von mir und dem Mäuschen anzusehen!

Dieses Hochgefühl hielt genau sechs Wochen an. Denn als ich anfing, Gerüche wie ein Trüffelschwein aufzuspüren, wusste ich, dass ich erneut schwanger war.

Die Fruchtwasseruntersuchung hätte ich mir glatt sparen können, denn dass es ein Junge werden würde, war von Anfang an klar! Anders als bei Lucie und Lissi kamen die Pickel zurück, die ich eigentlich mit 17 – dank der Pille – aus meinem Gesicht verabschiedet hatte, und mein Geruchssinn war plötzlich verstörend scharf. Sind das nicht der Weisheit unserer Großmütter zufolge Anzeichen dafür, dass ein Sohn im Anmarsch ist? Ansonsten blieb ich – man soll es nicht glauben – von allen lästigen Überraschungen komplett verschont!

Die gemeinsamen Monate mit Charly in meinem Körper waren die drittschönste Zeit meines Lebens. Über die 24,3 Kilo Restgewicht werde ich an dieser Stelle nicht mehr referieren.

Wohlverzogen:
Die Sache mit der Erziehung

Grundsätzlich haben doch alle Mamas und Papas den Plan, es besser zu machen als die eigenen Eltern! Stimmt's? Und grundsätzlich stellen alle Eltern irgendwann fest, dass Pläne dazu da sind, über den Haufen geworfen zu werden. Denn so manche Idee unserer Eltern war vielleicht gar nicht so schlecht – und damit meine ich jetzt weder Hausarrest noch »… solange du die Füße unter meinen Tisch streckst«.

Aber zurück ganz an den Anfang. Sie erinnern sich, dass ich als Nicht-Mama Menschen unter 1,50 m Körpergröße gegenüber nicht immer aufgeschlossen war. Eine nicht zu unterschätzende Rolle bei meiner Vorbereitung auf das Mutterdasein spielte: der kleine Max.

Erstkontakt – das liebe Patenkind!

2001 überraschte mich Susi mit der Neuigkeit, sie sei schwanger! Das Thema Kinder lag für mich noch in weiter Ferne. Als Max circa ein Jahr alt war, hatte ich mich an ihn gewöhnt. Ich hatte erkannt, dass von ihm keine Gefahr – für meine Freundschaft mit seiner Mutter – ausging. Als Susi mich fragte, ob ich seine Patentante werden wolle, sagte ich sofort Ja. Ich nahm mir fest vor, keinen seiner Schritte zu verpassen.

Als Patentante hat man per se einen einfachen Job. Wenn man das Kind trifft, macht man irre viel Quatsch, und an allen wichtigen Tagen hagelt es feine Geschenke. Max war ein süßes Baby, und als er in den Kindergarten kam, verbrachte er endlich zum ersten Mal ein Wochenende bei uns. Susi bat mich darum, weil sie nervlich komplett am Ende war. Max wollte abends nie einschlafen, sodass sie jeden Abend diverse Kilometer mit dem Auto fuhr, bis auch bei ihm die lang ersehnte und erlösende Dämmerung einsetzte.

Natürlich belächelte ich Susi heimlich, denn ein Kind war – in meinen Augen – doch wirklich keine Arbeit. Im Gegensatz zu meinem Fulltimejob. Das erste gemeinsame Wochenende bestätigte meine Haltung. Max war brav, folgte und schlief – einfach mustergültig.

Was macht man als kinderloses Paar an so einem Wochenende? Wir gingen für sechs Stunden baden, der Junge bekam Zucker ohne Ende und durfte vor dem Schlafen noch vier Folgen Bob der Baumeister ansehen. Während der letzten Episode schlief er entspannt – natürlich ohne Zähneputzen – ein. Wir betteten ihn kurz vor 22 Uhr.

Am Sonntagmittag übergaben wir das Bündel wieder seiner Mutter. Die musste sich dann den restlichen Tag mit einem schlecht gelaunten, unausgeschlafenen Rotzlöffel rumschlagen. Ich war mir sicher, dass das an einer Mutter-Sohn-Problematik liegen musste. Denn bei uns war Max ein echter Sonnenschein gewesen. Damals sagte ich mir: Kinder haben ist doch überhaupt kein Problem – wieso stellen sich die Eltern eigentlich alle so an?

Tatort eigene Kinder

Bei Serien und Filmen gibt es immer einen Regisseur. Er bestimmt, was die Schauspieler wie zu spielen haben. Er entscheidet, wie eine Drehbuchszene real als Bild umgesetzt wird, und legt fest, wann und wo die Schauspieler sprechen und dabei bestimmte Dinge tun. Sich hinsetzen, aufstehen, den Raum verlassen, einen Tee servieren und vieles mehr – vorausgesetzt, der Schauspieler kann zwei Dinge gleichzeitig erledigen.

Faktisch gesehen bin ich die Regisseurin des Familienalltags. Nur setzen meine Kinder halt nicht immer alles so um, wie ich mir das wünsche. In Drehbüchern sagen und machen die Kinder immer genau das, was ich will! Zu Hause nicht. Wie oft lagen meine Kinder schon vor einem Süßigkeitenregal, lauthals schreiend und mit Händen und Füßen auf den Boden klopfend – nur um bestimmte Bonbons zu bekommen. Solche Szenen braucht keine Mama!

Als Lissi endlich anfing, mit mir zu kommunizieren, und mir klar wurde, dass diese knapp eineinhalbjährige Prinzessin jetzt auf klare Ansagen von mir wartete, brachte sie mich in eine echte Zwangslage. Wie will ich mein Kind denn eigentlich erziehen? Es gibt so viele Erziehungsstile – wie sollte ich wissen, was für meine Familie der passende war?

Die Erziehung soll aus Kindern glückliche, liebenswerte, selbst- und verantwortungsbewusste Menschen machen. Mit einem Blick in mein näheres Umfeld wurde mir klar, dieser Plan geht nicht bei allen auf. Eine meiner Kolleginnen geht immer alles total entspannt an. Das Wort »Nein« existiert in ihrer Welt kaum. Ihre Kinder hüpfen ohne Zwänge und Regeln durchs Haus, hinterlassen zufrieden und glücklich mit

Bunt- oder auch mal einem Lippenstift in der Hand eine Vollverwüstung, und sie stört sich überhaupt nicht an dem Chaos. Ihr Mann sieht das alles ähnlich locker und nimmt die jährliche Komplettsanierung der Bude in Kauf. Die Kids leben von ungesunden Mengen an Süßigkeiten und Cola, sind dick und unsportlich – im besten Fall mit 15 zuckerkrank. Diese Kinder sind grauenhaft unerzogen, eine neue Generation flegelhafter Tyrannen. Die haben überhaupt nichts Liebenswertes. Sicher finden die später trotzdem einen Partner, aber an die Enkel, die aus so einer Kreuzung hervorspringen, will ich erst gar keinen Gedanken verschwenden.

Hierzu fällt mir folgende Story von Susi ein sowie eine Mail, die mich vor circa sechs Jahren erreichte – Max war damals sechs Jahre alt.

Susanne Waack
An: Daniela Oefelein
19.10.2008 20:34

Du wirst nicht glauben, was mir heute passiert ist. Ich war mit Max bei Ikea und habe ein Regal für sein Zimmer besorgt. Als wir in der Schlange an der Kasse anstanden, hat er anscheinend mehrmals mit unserem Einkaufswagen dem Mann vor uns die Ferse touchiert, und dieser hat ihn ermahnt. Ich hab das echt nicht mitbekommen, weil ich mit dem Auflegen der Kerzen, Servietten und Geschenkpapiere beschäftigt war ... Plötzlich schreit mich der Typ an, ich solle doch bitte mein Kind richtig erziehen. Ich bin total erschrocken und habe nach der billigsten aller Mütterausreden gegriffen und völlig ruhig gesagt: »Entschuldigen Sie bitte, mein Kind wird antiautoritär erzogen.« Ich fand die Antwort in diesem Moment echt pfiffig. Du, da nimmt der seine Wasserflasche und spritzt mir einfach Wasser ins Gesicht und sagt: »Ich auch!«

Es grüßt,
Dein begossener Pudel

Daniela Oefelein
An: Susanne Waack
19.10.2008 20:45

Gott sei Dank gibt es noch keine Verkehrsregeln für Einkaufswägen! Umso mehr genieße ich, dass Lissi noch im Buggy sitzt! Es wäre übrigens wirklich an der Zeit, dass du Max mal ein bisschen erziehst. Als er letztes Wochenende bei uns war, hat er mit einem Stock in der Mülltonne des Nachbarn rumgestochert und ein Kondom rausgezogen. Er hat es mir stolz gezeigt und – vor allen Leuten – in meine Richtung geschrien: »Du, Daniela, was ist eigentlich das?« Du kannst dir mein Gesicht kaum vorstellen, als ich – frei nach dem Motto: du sollst nicht lügen – antwortete: »Tja, Max, das ist ein Kondom!« Darauf er: »Wozu braucht man das?« Da läutete mein Telefon. Schöner hätte ich es in einem Drehbuch nicht timen können!
Lissi bekommt gerade Zähne und ich kaum Schlaf.

Die müde D.

P. S.: Du machst das mit Max schon ganz richtig, er sagt regelmäßig Bitte und Danke. Der Kerl bei Ikea hatte wahrscheinlich nur einen schlechten Tag, weil PAX gerade ausverkauft war.

Wäre ich eine strenge Mama, hätte ich viel zu tun: Ich würde zunächst ein Pamphlet mit unglaublich vielen Regeln schreiben – die natürlich immer einzuhalten wären! Ich müsste permanent tadeln, hätte hohe Ansprüche an die Kinder, zu jeder Zeit eine starke Hand und immer das letzte Wort. Die kindliche Meinung wäre – per Gesetz – bedeutungslos. Ich würde keine wahren Gefühle zeigen und die meiner Kinder würden mich nicht interessieren. Die Belohnung meiner Kinder sähe so aus, dass ich die Strafe einfach mal ausfallen ließe.

Anzunehmen ist, dass ich meinen leidenschaftslosen, unselbstständigen, traurigen Kindern mit 15 noch die Zähne putzen würde und sie mir bei jeder Auseinandersetzung mit dem Anwalt drohen würden, aber egal. Das Schöne daran wäre: Die sachliche Argumentation mit meinen Kids würde ausfallen, denn Mama hätte immer recht. Dafür bekäme ich vor lauter Schimpfen und Ärgern frühzeitig Falten und graue Haare. Und genau deshalb ist das auch nix für mich. Also versuche ich mich mit der guten alten Demokratie durch die Erziehung durchzuwursteln. Sie können jetzt natürlich frei nach Helmut Kohl sagen: »Was bringt es mir, wenn das Volk wählt und trotzdem hinten nix bei rumkommt?« Und wenn man sich den deutschen Bundestag mal genauer ansieht, haben Sie da sicherlich auch recht! Doch ich gebe meinen Kindern eine faire Chance, mir das Gegenteil zu beweisen.

Für mich ist Demokratie eine gesunde Mischung aus Autorität und Freiheit. Bei mir gibt es einen Familienrahmen, der die Basis für unser (meist) liebevolles Miteinander ist. Innerhalb dieses Rahmens darf sich jeder frei bewegen. Wir haben viele Absprachen, und wenn sich alle daran halten, haben wir auch meistens alle Spaß. Das sieht zum Beispiel so aus: Wenn Lissi ihre Hausaufgaben schon in der Schule erledigt hat, darf sie nachmittags auf den Reiterhof. Charlys Jungs dürfen spielen und Chaos machen – solange sie danach gemeinsam aufräumen. Charly kann auch stundenlang am Waschbecken pritscheln, solange er die Küche nicht unter Wasser setzt. Beide dürfen abends 25 Minuten fernsehen, wenn es dann nach dem Zähneputzen ohne Wenn und Aber ins Bett geht. Sie könnten jetzt natürlich fragen: Ist das nicht eher Erpressung? Egal, was es ist – es funktioniert!

Mir ist es wichtig, dass Lissi und Charly viele Dinge selbst bestimmen und ausprobieren. Zum Glück sind beide sehr vorsichtige Wesen, deshalb traue ich ihnen auch viel zu. Ich stehe eigentlich nur mit Rat und Vorschlägen zur Seite. Wir haben ein festes Ritual: Ich habe mit beiden morgens und abends einen Kuscheltermin. Da besprechen wir, was an diesem Tag ansteht, und abends ziehen wir das Resümee.

Und wissen Sie, wie zornig ich werden kann, wenn alle auf eine Geburtstagsparty eingeladen sind – nur mein Kind nicht? Manchmal habe ich den Eindruck, ich bin dann diejenige, die am allermeisten leidet. Ich hätte nie gedacht, dass ich mal an einer sechsjährigen Göre Rache nehmen würde. Als ich Lissi eines Tages vom Kindergarten abholte, weinte sie bitterlich. Ihre vermeintlich beste Freundin hatte alle Mädels zu ihrem Geburtstag eingeladen – nur sie nicht. Sie saß wie ein Haufen Elend im Auto, die Tränen kullerten, und sie sagte: »Mama, das tut mir im Herzen weh.« Als sie mir dann noch berichtete, dass sie die dumme Kuh auch noch drei Mal gefragt habe, wieso sie sie eigentlich nicht eingeladen habe, und diese keine Antwort gegeben und sie einfach stehen gelassen habe, sah ich mal wieder farbig. Es musste ein Racheplan auf die Agenda. Die Feier fand an einem Sonntag statt. Großer Fehler. Ich lud drei der fünf geladenen Mädels am

Samstag zu einer Übernachtungsparty ein. Da gab es großes Kino: Gezeigt wurde »Rapunzel neu verföhnt«, natürlich der ganze Film! Es gab Popcorn und Almdudler und die Kids schliefen erst gegen 23:00 Uhr ein. Da war die dreistündige Geburtstagsfeier am Sonntag natürlich Geschichte – zumindest für die eine Hälfte der geladenen Gäste. Wer sich mit meinen Kindern anlegt, sollte auch mit mir rechnen!

Egal welche Form der Erziehung: Eine Mama ist für jedes Kind der sichere Hafen. Mit Mama wird alles besprochen und Mama liebt einen immer – einerlei, welchen Bockmist man gerade verbrochen hat. Da zählt nicht, ob man zwei, sieben, vierzehn oder zweiunddreißig Jahre alt ist. Einer Mama muss man absolut vertrauen.

Freilich kommt Mama mit Demokratie aber auch oft an Grenzen. Denn auch im Familienleben gilt: Viele Köche verderben den Brei! Zudem bedeutet meine schlau erdachte Familiendemokratie noch lange nicht, dass ich ein Händchen dafür habe, auf jeden Einzelnen immer offen und lösungsorientiert einzugehen. Bei der Erziehung muss Mama unweigerlich mit vorhersehbaren Rückschlägen rechnen. Ich (sauer): »Das ist mir scheißegal, warum du den Kaugummi hierhin geklebt hast. Du kratzt den Scheiß jetzt weg.« Lissi (unberührt): »Mama, Scheiße sagt man nicht!« Ich (in Erklärungsnot): »In diesem Fall schon!« Lissi: »Ich kratz das weg, dann räum aber deine scheiß Spülmaschine selber aus!« Ja, das war's dann wohl mit gepflegter Wortwahl auf lange Sicht.

Für Charly haben wir uns das Fingerspiel ausgedacht: Immer wenn er lautstark etwas einfordert, fragen wir unseren Zeigefinger. Der entscheidet und antwortet dann entweder mit Fingerkuppennicken für »Ja« oder mit Fingerschütteln für »Nein«. Das lief tatsächlich eine Weile ganz gut, doch auch Charlys Geist wächst mit. Als ich neulich zu ihm sagte: »Komm, wir gehen jetzt Zähneputzen«, antwortet er: »Mama, da muss ich erst meinen Finger fragen!« Sie können sich sicher ausmalen, wie dessen Antwort lautete.

Fest steht, es gibt Situationen, bei denen ich keine Ahnung habe, wie ich mich als Mama richtig verhalten soll. Dann gilt bei mir zu Hause: »Du darfst auch mal laut werden, wenn du kurz davor bist, komplett den Verstand zu verlieren!« Unvergessen das Jahr 2008, als ich versuchte, aus der eineinhalbjährigen Lissi bei Tisch ein hungriges und salonfähiges Kleinkind zu machen. Was das Essen angeht, war Lissi nämlich bis zu ihrem fünften Geburtstag eine Vollkatastrophe.

Daniela Oefelein
An: Susanne Waack
25.10.2008 18:25

Liebe Susi,
ich könnte kotzen! Warum habe ausgerechnet ich ein Kind, das am liebsten und auch noch dreimal am Tag Nudeln mit nix essen möchte!? Karotte, bäh. Apfel, bäh. Bananenmilch, bäh bäh. Stelle ich Lissi nackte Fussili hin, grabscht sie glücklich danach

und ist bereits nach sechs Nudeln wieder satt. 30 Minuten später fällt sie in den Unterzucker und ist total grantig. Sie schreit sich dann so in Rage, dass nur eine Flasche Reismilch mich aus diesem Inferno befreit und Lissi beruhigen kann. Davon trinkt sie nachts übrigens gerne auch noch zwei, die ihre Mama um dreiundzwanzig Uhr sechs und um vier Uhr zwanzig zubereitet, weil der Hunger das gnädige Fräulein sonst nicht schlafen lässt! Warum kann sie nicht – wie jedes andere normale Kind – tagsüber anständige Mahlzeiten am Tisch essen? Natürlich ist es sicher nicht förderlich für ihr Essverhalten, dass ich regelmäßig am Tisch ausraste und sie anschreie. Birnen isst sie übrigens nur, wenn ich sie in einer Tupperdose im Auto bei einer sinnlosen Fahrt nach nirgendwo serviere. Und frag jetzt bitte nicht, was ich mir immer gedacht habe, als du mit Max mit dem Auto gefahren bist, damit er endlich einschläft. Ja, jeder böse Gedanke rächt sich irgendwann.

Susanne Waack
An: Daniela Oefelein
25.10.2008 20:12

Schätzchen,
ich dachte, du hast bereits letztes Jahr kapiert, dass die Entscheidung, ob dein pürierter Kürbis gegessen wird oder dir um die Ohren fliegt, nicht bei dir liegt. Du rastest immer noch aus? Die arme Lissi, da würde mir der Appetit sicher auch vergehen. Mach dich endlich mal locker! Lissis Essverhalten ist wahrscheinlich nur eine Meinungs- und keine Kriegserklärung. Ihr habt einfach unterschiedliche Vorstellungen von einem gemütlichen Abendessen. Lissi sieht in dir nicht nur die Mama, sondern auch einen Eins-a-Bordservice.

Zu deinem Trost, du brauchst nicht glauben, dass Max' Magen viel Gemüse und Obst zu sehen bekommt! Der Junge isst das auch nur, wenn es davor ein Schwein gefressen hat und Reste von diesem zwischen zwei Burgersemmeln parken. Ich stelle mir bei meinem Sechsjährigen gerade täglich die Frage: kochen oder drive thru? Und natürlich ist mir im Auto bereits vor der Bestellung bewusst, dass mein Sohn schrecklich viel Zucker und Hormone zu sich nimmt, dafür aber keine Vitamine! Aber wenn ich es ihm nicht kaufe, dann holt er sich den Fraß von seinem Taschengeld. Indem ich Zeuge von diesem Albtraum bin, kann ich wenigstens die Cola verhindern. Ich möchte dir ja keine Angst einjagen, aber ich glaube, ein gestörtes Essverhalten wächst mit.

Herzlich,
Mc Susi

Daniela Oefelein
An: Susanne Waack
25.10.2008 20:14

Mc Su,
und ich dachte wirklich bis gerade eben, der heimliche Mc-Besuch sei das Geheimnis zwischen mir und meinem Patenkind. Wie durchtrieben dein Sohn doch ist ... Von wem hat er das nur? Es bleibt also Hoffnung, dass Lissi bereits in 15 Jahren alleine mit meinem Auto und ihren Birnenschnitzen durch München cruist.

Mit dem Gruß der Mütter.
Peng.

Susanne Waack
An: Daniela Oefelein
25.10.2008 20:34

Sorry, aber in 15 Jahren fährt Lissi ganz andere Schnitten in deinem Auto durch die Stadt! Und hoffentlich fährt sie die nur …

Als ich mit Lissi schwanger war, kaufte ich im Strebermodus einen Dampfkochtopf. Genauso gut hätte ich mich zwei Stunden in ein Bushäuschen setzen und die vorbeifahrenden Autos bestaunen können. Natürlich isst keins meiner Kinder das Gemüse gedünstet. Bei uns wird alles wild frittiert. Schön in Fett ausgebraten – geht immer! Und ich war in meinem Urleben wirklich mal eine leidenschaftliche und gute Köchin. Was ich da seit acht Jahren so serviere … guten Appetit!

Was mir jedoch gerade komplett mein leibliches Wohl vermiest, ist der Umstand, dass mein Mann jetzt auch noch beschlossen hat, Vegetarier zu sein. Und das wahrscheinlich nur, weil mein Metzger neulich zu mir sagte: »Du, was ich dir schon lang mal sagen wollte: Ich find dich hammergeil!« Jetzt bin ich schon allein berufstechnisch nicht auf den Mund gefallen, aber da fehlten sogar mir die Worte. Ich (überfahren): »Ja, gut. Ähm, ich nehm' dann mal 100 Gramm Kalbsfleischwurst.« Er (provozierend, mit flirtendem Blick): »War's das?« Ich (kleinlaut): »Von mir aus ja!« Und da nur noch ich Fleisch esse, haben sich meine Flirteinheiten mit dem Metzger leider stark reduziert. Mir ist echt nichts mehr vergönnt!

Natürlich fordern auch meine Kinder – wie alle gesunden Kinder – regelmäßig Cola ein. Aber Cola kann man heute ja nicht mal mehr an Kindergeburtstagen ausschenken, man weiß schließlich nicht genau, welches Kind jetzt auf Ritalin ist und welches nicht. Das Unglaubliche an diesem ganzen Ernährungswahnsinn ist, dass die Kinder trotzdem gesund heranwachsen. Warum hat mir das in Lissis Kleinkindtagen niemand gesagt, das hätte mir viel Frust und Sorgen erspart!

Die Probleme der anderen

Ich war so verzweifelt, dass ich mich sogar für einen Erziehungsführerscheinkurs nach Maria Montessori anmeldete. Dieser Kurs entpuppte sich als Balsam für meine Seele. Jeder, der in dieser Runde saß, hatte ein oder zwei Traumkinder, mit jeweils einer großen und für die Eltern nicht nachvollziehbaren Macke. Da gab es die dreijährige Fanny, die sich regelmäßig auf der Autobahn abschnallte und auf der Rückbank zu toben begann. Woraufhin ihre Mutter Petra – ungelogen – Stunden auf dem Seitenstreifen damit verbrachte, darum zu kämpfen, dass sich die junge Dame wieder anschnallen ließ. In der Gruppe suchte auch Carolin Trost, die zwei Windeltöchter mit nur einem Jahr Altersunterschied hatte und deshalb anstatt von Mutterglück mehrmals täglich von Mordgedanken heimgesucht wurde. Sogar ein Vater war mit von der Partie. Er wollte verstehen, warum er das eine Kind lieber hatte als das andere. Vielleicht sollte ich erwähnen, dass sein siebenjähriger Sohn sich mit einem Schild mit der Aufschrift »Achtung Radarkontrolle« an den Straßenrand stellte und dadurch eine Massenkarambolage ausgelöst hatte. Diese Aktion war leider kein Einzelfall. Wie Sie sich vorstellen können, fühlte ich mich in dieser Gruppe sauwohl. Meine Essenstortur rückte in ein völlig neues Licht – und kam mir nach nur zwei Sitzungen eher lächerlich vor.

Doch ich muss auch zugeben, das Schicksal meinte es im Hinblick auf die Tischsituation beim zweiten Mal gut mit mir. Es schenkte mir zur Versöhnung Charly. Charly ist ein experimentierfreudiger Allesfresser. Lissi hat für diesen Umstand eine Lieblingsausrede: »Mama, jeder hat halt seinen eigenen Geschmack, und den von Charly verstehe ich nicht!« Und wenn ich Charly abends 20 Minuten Fernsehschauen in Aussicht stelle, bleibt er durchaus auch mal drei – ja, DREI! – Minuten ruhig am Tisch sitzen. Als ich mit den beiden alleine im Italienurlaub war, amüsierte mich ein Schild, das am Eingang des Speisesaals hing: »Für Eltern mit Kindern: Bitte sorgen Sie dafür, dass sich diese ruhig verhalten und am Tisch sitzen bleiben, oder kleben Sie diese fest!« Da ich gerade keinen Kleber zur Hand hatte und trotzdem in Ruhe essen wollte, schnürte ich Charly einfach mit meinem Gürtel an. Das Geschrei war natürlich groß – von wegen ruhig verhalten.

Über das Aufrechterhalten einer gepflegten Sitzordnung bei Tisch kann ich an dieser Stelle leider auch nicht referieren. Bei dem Wort stellt sich mir schlagartig nur eine Frage: Was ist das?

Der gute alte Schlaf – wo ist er hin?

Zu Lissis Verteidigung muss ich sagen, dass Charly neue Baustellen in mein Leben brachte – zum Beispiel den Schlafentzug. Lissi schlief ab ihrem dritten Lebensmonat – bis auf die zwei Reismilchflaschen – von 19 Uhr bis 8 Uhr durch. Nicht so Charly! Charly-Baby war so an seiner Umwelt interessiert, dass er schon tagsüber nur eine kurze Schlafpause benötigte. Das Schlimme war aber, dass er auch nachts gerne mit Mama spielte – bevorzugt zwischen 2 Uhr und 4 Uhr. Er brabbelte fröhlich vor sich hin und forderte den Dialog. Das Baby war putzmunter – und Mama todmüde und schlecht gelaunt. In vielen Nächten ging mir Carolin mit ihren Mordgedanken im Kopf herum – und ich konnte diese plötzlich komplett nachvollziehen. Kaum auszumalen, was ich diesem Wurm angetan hätte, wäre er schreiend durch die Nächte gehüpft …

Zuerst sagte der Kinderarzt noch, das lege sich bis zum ersten Geburtstag. Der hatte die Rechnung nicht mit Charly gemacht! Ich lernte »Jedes Kind kann schlafen lernen« auswendig, doch keiner der schlauen Tricks brachte Abhilfe. Ganz im Gegenteil, wir hatten feste Schlafenszeiten, Bettgehrituale … trotzdem schlief der Lauser nicht. So wütend ich auch auf ihn war, tat er mir irgendwo auch leid: Er konnte ja nichts dafür. Und ich wurde von Tag zu Tag erschöpfter. Kurz nach Charlys zweitem Geburtstag wurde unser Arzt dann doch auch etwas nervös. Er überwies uns an eine Kopfambulanz, um Charlys Gehirndruck überprüfen zu lassen. Es war nicht auszuschließen, dass sich Charlys Fontanellen zu früh verschlossen hatten, das Gehirn nicht mehr genügend Platz zum Wachsen hatte und er deshalb so viel wach war. Ich sollte mir aber auf keinen Fall meinen eigenen Kopf zerbrechen. Falls dem so wäre, würde man Charly nur die Fontanellen einfach wieder aufsägen und er müsste ein paar Wochen einen Schutzhelm tragen. Keine große Sache! Kopfaufsägen unter Vollnarkose – keine große Sache?! Mir wurde schlecht vor Angst. Natürlich bekamen wir den frühestmöglichen Kontrolltermin – kaum dreieinhalb Wochen später.

Die Sorge um Charlys Kopf und die bevorstehende Tortur trieben mich fast in den Wahnsinn und sorgten für weitere schlaflose Nächte. Denn schon bei Lucies Geburt hatte ich leidvoll erfahren, wie machtlos ich gegen Unheil war. Charlys Schädel war natürlich – völlig gesund!

Der Schlafentzug war ein Martyrium. Für eine ruhige Nacht hätte ich mir alle Spiele einer Fußball-WM angesehen, obwohl mich dieser Sport so interessiert wie Bill Clintons Sexualleben.

Um die Falten und Augenringe zu retuschieren, griff ich zu Ü-50-Produkten, und das mit nur 39 Jahren. Und Charly bewies Durchhaltevermögen! Wir spielten fröhlich nachts weiter – bis zu seinem dritten Jahrestag. Was unterm Strich ganze vier Jahre Nichtschlaf bedeutet!

Dann herrschte von einem auf den anderen Tag plötzlich Ruhe im Haus. Dumm nur: Zu diesem Zeitpunkt litt ich schon an einer ausgewachsenen Schlafstörung. Die ersten Nächte wachte ich brav um 2 Uhr zum Spielen auf und wurde von meinen lieb gewonnenen Aggressionen heimgesucht – doch kein Mucks vom Lauser. Ich, wach, schlich durchs Haus und wartete auf irgendwelche Zeichen. Es kamen aber keine mehr! Ich fühlte mich wie bestellt und nicht abgeholt. Der Zwerg lässt einen schlafen, aber der Kopf macht das nicht mit – weil er seit vier Jahren anders programmiert ist.

Anstatt zu schlafen, lag ich jetzt hellwach im Bett und sorgte mich ernsthaft, ob mit Charly vielleicht etwas nicht stimmte und er deshalb nicht aufwachte. Ich schlich mehrmals in sein Zimmer, um seine Atmung zu kontrollieren. Einmal lag er komplett regungslos da. Ich suchte panisch nach seinem Puls – nichts zu spüren. Ich riss ihn aus dem Bett, schüttelte ihn und schrie Georg zu: »Ruf den Notarzt!« Da wachte Charly natürlich erschrocken auf. Er schrie dann erst mal ein Stündchen, denn er hatte sich voll erschreckt – weil seine Mama so hysterisch war.

Es dauerte circa ein halbes Jahr, bis alle wieder nachts schliefen. Inklusive mir. Nur das Wo war mittlerweile zum Problem geworden. Denn still und heimlich hatte sich da ein neuer Fehler eingeschlichen.

An dieser Stelle gebe ich zu: Meine Schlaferziehung ging komplett in die Hose. Ich kann voller Stolz behaupten, dass beide Kinder sehr gemütliche Zimmer haben. Tagsüber wird dies von den Kids auch durchaus geschätzt, aber nachts bevorzugen sie das 2,40 Meter breite Bett von Mama und Papa! Und weil es dort so gemütlich ist, ist Lümmel auch noch gerne mit von der Partie. Ich muss sicher nicht erklären, woher ich meine Rückenschmerzen habe. Manchmal habe ich so wenig Platz, da wache ich auf, weil mein Gesicht auf dem kalten, 600 Jahre alten Bettrand aus Eichenholz liegt. Zudem dreht sich der schlafende Charly nachts gerne wie ein Kreisel.

Zu meiner Verteidigung muss ich sagen, dass Lissi erst mit dreieinhalb die wunderbare Weichheit meines Bettes entdecken durfte. Denn genau zu diesem Zeitpunkt begegnete ich dem Todfeind der Schlaferziehung – der Kinderkrankheit namens Keuchhusten.

Georg war natürlich weit weg beim Drehen, ich war hochschwanger mit Charly, und Lissi bekam den – beim Kind Brechreiz auslösenden – Keuchhusten. Stickhusten, wie er vor ein paar Jahrzehnten noch genannt wurde. Wer will schon, dass sein Kind brav in seinem eigenen Bettchen erstickt? Ich ging natürlich kein Risiko ein und bettete Lissi direkt neben mich. Da fand sie es so schön, dass sie nie wieder wegwollte. Bis zum heutigen Tag nicht.

Und so kam es, dass, wenn Charly nachts spielen wollte, ich ihn aus seinem Bett holte und mich mit ihm in Lissis eigentliches Bett legte. Manchmal kam Lissi später auch dazu. Unser nächtliches »die Reise nach Jerusalem«-Spiel kam ins Stocken, sobald Georg aus Platzmangel gleich abends in Lissis Bett verschwand. Dann wichen wir auf die Couch aus. Für mich bekam der sonst so einladende Begriff »Nachtwanderung« eine völlig neue Bedeutung.

Teufel, Teufel – Die gute Erziehung und der Einfluss von außen

Was ich völlig unterschätzt habe, sind die Freunde der Kinder. Denn die Kindererziehung steht und fällt mit ihnen. Und die Auswahl der Kinder deckt sich nicht immer mit der ihrer Mamas. Beim Fernsehen gibt es das Casting. Es existiert für jede Rolle eine Charakterbeschreibung, und unterschiedliche Schauspieler stellen sich für diese Rollen vor. Als Autorin, Redakteurin und Producerin sucht man sich genau den Typ aus, den man für diese Rolle vor Augen hatte! Die Freunde meiner Kids kann ich leider nicht besetzen.

Natürlich hätte ich schon in der Kita am liebsten den Stammbaum und die polizeilichen Führungszeugnisse aller Beteiligten – inklusive der Kinder – im Vorhinein einsehen wollen.

Bis zur Schule hat man den Freundeskreis ziemlich gut im Griff – weil Mama sich in den ersten Jahren ja auch nur mit den netten Mamas trifft! Und wenn die Chemie mit den Großen stimmt, dann sind die Kurzen meist auch ganz possierlich.

Aber ab der ersten Klasse weht ein anderer Wind! Um es positiv zu formulieren: Man lernt Kinder kennen, die die eigene Erziehung unerwartet in einem völlig neuen und sehr erfreulichen Licht erscheinen lassen. Es gibt so viele unerzogene Kinder, dass ich mir sicher bin: Lissi und Charly haben eine goldene Zukunft vor sich. Ein Bitte oder Danke ist heute nicht mehr selbstverständlich. Eher sogar selten ...

Daniela Oefelein
An: Susanne Waack
27.10.2014 18:27

Liebste Susi,
heiliger Strohsack, was habe ich für ein beschissenes Wochenende hinter mir! Lissi hatte Übernachtungsbesuch von einer Freundin. Diese Göre hat mit mir geredet, als sei ich das Personal. »Ich habe Hunger!« Ich: »Ich auch!« Sie: »Ein Wurstbrot.« Ich: »Ja?« Sie: »Jetzt!« Kannst du dir vorstellen, wie mir die Höf-

lichkeit abgerutscht ist? Ich hab der Dame dann mal freundlich erklärt, dass bei uns zu Hause in ganzen Sätzen gesprochen wird. So mit Subjekt, Prädikat und allem drumherum, die im besten Fall mit Bitte oder Danke enden. Sie: »Was is'n Prädikat?« Ich (sauer): »Schlag's im Duden nach.« Sie: »Was is'n Duden?« Na gut, ich war da schon recht ruppig, weil sie mich bereits den halben Tag mit ihrer Unhöflichkeit genervt hatte. Sonst hätte ich sicher – altersgerecht – das Wie- und Tunwort genannt! Als das Mädchen abgeholt wurde, stellte Lissi fest: »Die magst du jetzt eher nicht so, Mama, oder?« Was antwortet man da politisch korrekt, damit Lissi es dem Mädchen nicht brühwarm aufs Butterbrot schmiert, dass ich sie grauenvoll finde? Ich: »Weißt du, Mäuschen, sie ist halt anders. Ihre Eltern kommen aus Russland. Da redet man so!« Lissi: »In Russland sagt man doch sicher auch Bitte und Danke, oder?« Ich: »Wenn's gut läuft – ja!« Ich habe mich abends hingesetzt und mir Gedanken darüber gemacht, was meine Kinder alles beherrschen sollten – nur für den Fall, dass ich frühzeitig versterbe. Definitiv wichtige Eckdaten sind: Haustüre auf- und auch wieder zumachen. Klamotten und Schuhe immer an die dafür vorgesehenen Orte hängen oder stellen. Klospülung nach jedem Gang benutzen. Den richtigen Umgang mit einer Klobürste – Charly putzt damit seit Neuestem die Badewanne! Zahnpasta gleich nach dem Putzen wegspülen, noch bevor sie hart wird! Habe ich was vergessen?

Susanne Waack
An: Daniela Oefelein
27.10.2014 21:12

Ich sag es mal so: Der zwölfjährige Max möchte bitte aus der Pubertät abgeholt werden! Er ist seit Wochen auf seinem

Skateboard festgewachsen, und seine Körperhygiene beginnt und endet mit dem Gesichtswaschen. Außerdem ist er jetzt cool und pinkelt nur noch im Stehen. Deshalb bin ich damit beschäftigt, die Fußböden von neckischen Flecken zu befreien. Er antwortet mir nicht mehr, und mittlerweile sind seine Haare so lang, dass ich seine Augen nicht sehen kann. Unsere Kommunikation sieht wie folgt aus: »Max, wenn du mich gehört hast, dann klopfe bitte dreimal auf den Tisch oder mach wenigstens Piep!« In der Schule ist er eine Katastrophe im olympischen Ausmaß. Je mehr ich ihn an den Schreibtisch zwinge, umso seltener kommt er heim. Manchmal habe ich das Gefühl, ich rede mit einer Wand. Dabei war er doch bis vor Kurzem noch mein kleiner Murcksel, der soooo gerne mit mir gekuschelt hat. Jetzt wohnt ein fremdes, stinkendes Wesen bei mir. Ist das genug Inspiration für deine To-do-Liste?

Daniela Oefelein
An: Susanne Waack
27.10.2014 19:58

Amen. Sag Max bitte, ich gehe nur mit ihm auf das Cro-Konzert, wenn er sauber ist und nicht stinkt! Die gute alte Erpressung versetzt manchmal Berge und hat in der Erziehung eine unbedingte Daseinsberechtigung!

Auf keinen Fall darf man bei der Erziehung den Einfluss der Kindergärten unterschätzen. Im Nachhinein bin ich schlauer und weiß, dass es gut ist, die eine oder andere interessierte Frage – im Tür-und-Angel-Gespräch – zu stellen. Sowas wie: »Was hat Lissi denn heute so gemacht?« Das hilft ungemein, um im Familienalltag nicht eiskalt erwischt zu werden.

Folgende Situation: Die vierjährige Lissi bricht das siebte Gebot der Familie Oefelein: »Gehe nie alleine an den Herd und schalte diesen unter gar keinen Umständen an!« Dafür gab es ja im Wohnzimmer sowie in Lissis Zimmer zwei Spielküchen. Wahrscheinlich war ich mal wieder abgelenkt, weil ich entweder gearbeitet oder mit Susi gemailt habe, auf jeden Fall kochte sich Lissi am großen Herd einen Kakao. Als es verbrannt roch, rannte ich in die Küche. Anstatt meiner Tochter einfühlsam und liebevoll zu erklären, dass sie sich schlimm verbrennen könnte, schrie ich sie unkontrolliert an: »Sag mal, wie bescheuert bist du denn eigentlich? Ich dachte, du weißt, dass der Herd absolutes Sperrgebiet ist! Hau ab in dein Zimmer und spiel dort!« Gut. Lissi fühlte sich ungerecht behandelt, weil sie mich wohl schon dreimal um einen Kakao gebeten und ich diese Bitte immer mit einem »gleich« ignoriert hatte. Was ich leider auch verpasste, war, dass Lissi das Telefon mit in ihr Zimmer nahm. Und hätte ich im vertraulichen Tür-und-Angel-Gespräch bei den Erziehern nachgefragt, hätte ich mir denken können, wen die Motte angerufen hat! Als ich aus Lissis Zimmer ein Gespräch vernahm, öffnete ich ihre Tür und sah sie telefonieren. Erstaunlicherweise tippte Lissi aus der Auswahl von 110, 111, 112 – alles wichtige Telefonnummern, von denen sie heute im Kindergarten gelernt hat, dass man sie anrufen soll, wenn was nicht stimmt – die richtige Nummer. Der Herr von der Polizei stellte mir dann die eine und andere dramaturgisch korrekte Frage, konnte Alkohol-, Drogen- und Gewaltprobleme in unserem Haushalt ausschließen und fand meine Erklärung für den Notruf irgendwie auch nachvollziehbar. Wahrscheinlich stehe ich seitdem bei der Polizei auf der schwarzen Liste der verhaltensauffälligen Mütter.

Sexualkunde – das kleine Einmaleins

Für Lissi fühle ich mich höchstpersönlich verantwortlich. Erstens will ich nicht, dass meine Tochter ihre ersten sexuellen Erfahrungen – völlig ahnungslos und unvorbereitet – im Auto eines pickeligen Siebzehnjährigen erleben muss. Zweitens erinnere ich mich noch genau, wie ich als Zwölfjährige im Italienurlaub zum ersten Mal meine Periode bekam. Ich dachte zwei Tage lang, dass ich wie Rock Hudson an dieser komischen neuen Krankheit sterben würde. Meine Schwester bemerkte meinen Kummer und klärte mich auf. Kurz darauf stellte auch unsere Biologielehrerin klar, dass nicht der Storch die Babys bringt. Ich weiß noch, wie die ganze Klasse albern kicherte und Frau Vogel peinlich berührt durch den Unterricht führte.

Eigentlich bin ich davon ausgegangen, dass ich dieses Thema noch locker drei, vier Jahre würde umschippern können. Doch stattdessen erwischte mich die Frage meiner siebenjährigen Tochter ganz gemein: »Mama, wo komme ich eigentlich her?«

Im Gegensatz zur wissenschaftlichen Lehre der Sexualforschung versucht Mama so lange wie möglich – gerade bei den eigenen Kindern – über die Freuden der Sexualität nichts preiszugeben. Für die Aufklärung gibt es doch schließlich geschulte Lehrer. Ich manövrierte mich stammelnd um das Thema, ließ mich aber wenigstens nicht auf die Blümchen- und Bienengeschichte herab. Ich erklärte, dass Gott entscheide, ob und wann Babys in Mamas Bauch kämen. Und dass Mama und Papa sich wirklich gern hätten und sich oft Bussis geben müssten. Und mit viel Glück bekäme man dann Kinder. Meine Antwort schien Lissi zu verstören, weshalb ich nachhakte: »Wieso interessiert dich das überhaupt?« Lissi: »Ach, weil der Oscar kommt aus Berlin.« Die Aufklärung meines Sohnes habe ich – Gott sei Dank – bereits liebevoll in die Hände seines Vaters übergeben. Darüber werden Sie später noch lesen.

Windeln – (k)eine unendliche Geschichte

Der Abschied von der Windel kam bei Lissi – still und heimlich – praktisch über Nacht. Mit drei verabschiedeten wir uns komplett von den kleinen mobilen Kloschüsseln. Mit Charly verabschiede ich mich mittlerweile seit eineinhalb Jahren, und zwar immer wieder! Leider verliere ich dabei so langsam meine Herzlichkeit. Zu seiner Verteidigung muss ich sagen, dass der erste Versuch durch den Beginn der Winterzeit unterbrochen wurde. Bis er sich von seiner Schneehose befreit hatte, war es oft schon zu spät. Da ich keine Lust auf das viele Wäschewaschen hatte, verlegten wir die lang ersehnte Trennung von der Plastikwindel einfach ins nächste Frühjahr.

Und schon kam der nächste Winter. Ich rastete jedes Mal völlig aus, wenn er wieder irgendwo – natürlich ohne es zu merken – ins Wohnzimmer pieselte. In einem Krisengespräch im Kindergarten wurde mir dann versichert, dass das völlig altersgerecht sei und ich Charly daheim mit viel Wasser spielen lassen solle. Trotzdem drohte ich ihm neulich: »Wenn du jetzt noch einmal in dein Zimmer und nicht ins Töpfchen pieselst, dann schicke ich dich per Post nach Russland – und zwar ohne Absender!« Als er sich dann aufs Töpfchen setzte und mich mit seinen großen, schönen blauen Augen und seiner Knopfnase verstohlen anschielte, fand ich ihn schon wieder so niedlich, dass ich ihn am liebsten sofort eingegipst hätte! Nur um die Zeit anzuhalten.

Dass ich seit mehreren Wochen in Gedanken damit spiele, Charly wie einen Hund einfach mal mit seiner Nase in eine seiner unkontrolliert geparkten Pfützen zu stecken, möchte ich lieber nicht erwähnen. Sonst schalten Sie womöglich noch das Jugendamt ein … Ich: »Charly musst du pieseln?« Charly: »Nein Mama, ich bin schon leer.« Wie soll man bei so einer Antwort noch sauer sein?

Zusammengefasst: Seit 8 Jahren wickle ich Kinder und putze Popos ab. Ehrlich, mir reicht es! Das ist definitiv ein guter Grund, um kein weiteres Baby mehr in diese Welt zu setzen. Denn: Mit vollgekackten Windeln haben alle Mamas so ihren Spaß. Da wusste auch Susi damals ein Lied davon zu singen.

Susanne Waack
An: Daniela Schaefer
01.02.2003 12:24

Liebe Daniela, falls du mit der Idee schwanger gehen solltest, schwanger werden zu wollen – kommt hier eine offizielle Verhütungsmail! Der einjährige Max ist ein so niedliches Exemplar. Seit Neuestem macht es ihm besonders Spaß, wenn er auf dem Wickeltisch liegt und ich ihn aus seiner vollgekackten Windel befreien will, sich erst mit beiden Händen an den Po – sprich in die Scheiße – und kurz darauf in die Haare zu fassen. Ich kann ihn praktisch nach jedem Stuhlgang baden. Und du kannst dir gar nicht vorstellen, wie zäh so Kinderkot sein kann. Damit könnte man Lehmhütten verputzen! Und dass so kleine Menschen schon so stinken können, ist einfach unvorstellbar! Igitt! (Danke für dein Ohr!)

Daniela Schaefer
An: Susanne Waack
01.02.2003 13:32

Das war in der Tat mehr Information, als mir lieb war. Nein, keine Pläne in dieser Hinsicht. Da kümmere ich mich lieber um den Scheiß, den meine Schauspieler von mir wollen.

Deutsche Sprache – schwere Sprache

Als Nichtmama habe ich mir immer geschworen – für den Fall, dass ich mal Mama werde – niemals in Babysprache zu sprechen. Da war mir leider noch nicht bewusst, was für einen großen Einfluss die Zwerge und ihre Medien auf uns Eltern ausüben! Man wird peu à peu lingual weichgespült, ohne es zu merken. Ich war wachsam wie ein Luchs und trotzdem ist es passiert. Da man so viele Kinderbücher vorliest, geraten die Erwachsenenromane zunächst mal in Vergessenheit. Durch die vielen Kinderbücher fängt man als Eltern zunächst an, in Reimen zu sprechen: »Mama macht jetzt schnell noch Essen, weil Papa hat es wohl vergessen!« oder »Papa schnapp dir unseren Floh, weil Mama denkt, er muss aufs Klo«. Das ist der allererste Schritt in die Elternsenilität. Was für Mama natürlich doppelt so schlimm ist, weil sie eh meist noch in der nie enden wollenden Stilldemenz steckt.

Wenn man also am Frühstückstisch folgenden Erwachsenendialog führt: Ich: »Kannst du mir bitte mal die Milli geben?« Er (ironisch): »Nur wenn du mir ein Brezi gibst!« – und keines der Kinder am Tisch sitzt, dann wird es eigentlich Zeit für einen Psychologen oder einen Sprachkurs. Deshalb fasste ich den Entschluss, meine Ausdrucksweise schnell wieder den Anforderungen meiner Arbeitswelt anzupassen.

Als Autorin war ich immer über die einzigartige Sprachentwicklung meiner Kinder tief gerührt. Wie schnell doch aus einem einfachen »Daddi« ein konkretes »Papa« wurde! Wie zielsicher das Wort »Nein« bereits im zarten Alter von nur 12 Monaten eingesetzt wurde. Gerne bei Mamas Bussi-Attacken.

Besonders lustig sind die kreativen Wortschöpfungen. So schaffte es Lissi, die Steigerung von »ungerecht« zu kreieren: »umgerecht« war nämlich immer noch einen Schwung ungerechter als ungerecht. Dieses Wort zog sie – trotz millionenfacher Verbesserungen unsererseits – bis zur Einschulung mit und es ist nun in unserem Familien- sowie Freundeskreis ein geflügelter Begriff! Genauso unerschütterlich hielten sich »tropsdem«, »tropsdemerweise« (für »obwohl«), natürlig und ügentlich.

Den größten Spaß hatte ich jedoch bei der wirklich schwierigen Zeitzonenproblematik: früher, jetzt und später sowie gestern, heute und morgen. »Mama, war ich da morgen schon gewesen?«, »Papa, das hab ich doch später schon gehört!« – was unterm Strich so viel heißt wie: »Papa, langweile mich nicht mit ollen Geschichten!«

Kurz vor dem sechsten Geburtstag beherrschte Lissi diese Zeitangaben, dank Chimas Song »Morgen«. Besonders freute sich der Nikolaus darüber, als der sich am 6. 12. von Lissi ein besinnliches Adventslied wünschte und sie begeistert und absolut textsicher mit: »Ich zieh die Decke übern Kopf, mein Arsch ist schwer wie Blei« loslegte: »Heute war gestern schon morgen!« Besser hätten wir es ihr nicht erklären können. Das Jahr darauf freute sich der Nikolo über: »Baby, Baby, bitte mach dir nie mehr Sorgen um Geld, gib mir nur deine Hand, ich kauf dir morgen die Welt!« Da kam natürlich sofort irre Weihnachtsstimmung auf. (Ich war nur froh, dass Lissi nicht den Klassenhit präsentierte: »Leise pieselt das Reh in den Starnberger See ...«)

Und wie heißt es so schön, Kindermund tut Wahrheit kund: Als meine Mutter Lissi mal fragte, ob sie bald wieder zusammen in den Urlaub fahren wollten, antwortete diese, wie aus der Pistole geschossen: »Höchstwahrscheinlich nicht!« Zu meiner an Alzheimer erkrankten Schwiegermutter sagte Lissi zur Begrüßung immer: »Falls du es schon wieder vergessen hast, Oma, ich bin immer noch die Lissi.«

Die Mitbewohner »Gleich« und »Keineahnung«

Wenn man Kinder hat, hat man spätestens ab dem dritten Lebensjahr auch unbekannte Mitbewohner. Die von Zeit zu Zeit anders heißen und Kinder wie Eltern in den Wahnsinn treiben. Diese nicht existenten Lebewesen scheinen – von Haushalt zu Haushalt – zu variieren. Unsere heißen »Gleich« und »Keineahnung«. Beide haben sich beim Einzug leider nicht vorgestellt! Als ich zum Beispiel neulich im Garten war, um Charly davon abzuhalten, die Rutsche runterzupieseln, klingelte das Telefon. Ich wartete auf einen dringenden Geschäftsanruf und spurtete los. Erst verriss ich mir ein wenig den Rücken, um kurz darauf mit meinem Zeh schmerzhaft an der Türschwelle anzustoßen, und sah nur noch, wie Lissi das Telefon auflegte.

Ich: »Wer war das, Mäuschen?«
Lissi: »Keineahnung. Aufgelegt!«
Ich: »Wer war zuletzt auf dem Klo und hat nicht runtergespült?«
Charly: »Keineahnung.«
Ich: »Wer hat die Schokoflecken an die Wand gemacht?«
Papa: »Keineahnung.«
Ich: »Wer ist mit den dreckigen Schuhen durchs Wohnzimmer gelaufen?«
Lissi: »Keineahnung.«
Egal, ob männlich oder weiblich – Keineahnung ist definitiv unerzogen! Und der »Gleich« nervt auch alle!
Charly: »Ich will eine Flaschi!«
Ich: »Gleich.«
Charly: »Mama, jetzt ist gleich!«

Kurz nach Charlys Geburt bat ich Lissi, mir einen Gefallen zu tun, weil ich gerade stillte. Lissi: »Gleich.« Ich: »Nein, sofort!« Lissi (ungerührt): »Du sagst auch immer gleich zu mir, seit der Charly da ist!« Ehrlich, ich habe Keineahnung, wie sie darauf kommt!

Bei Susi wohnt übrigens zurzeit der Keinbock. Er hat unter anderem vergessen, Max' Zimmer aufzuräumen und ihm die Haare zu waschen.

Der Schulanfang – das Ende der frühkindlichen Erziehung

Die Erziehung – also, der alleinige Einfluss der Eltern auf ihre Kinder – endet meiner Meinung nach mit dem Beginn der zweiten Klasse. In der ersten Klasse fühlte sich Lissi nur sicher, wenn sie auf dem Schulweg von einem Elternteil begleitet wurde. Sie gingen zu viert. Wir Eltern teilten die Wochentage untereinander auf und täglich brachte einer von uns die Zwerge bis zur roten Linie im Schulhof. Ab da ging es alleine weiter. Ich werde nie vergessen, wie sich Lissi umdrehte und mir – glücklich und dankbar grinsend – nochmal zuwinkte. Wenn ich sie abholte, gab es jedes Mal einen satten Schmatzer vor lauter Wiedersehensfreude.

Doch dann kamen die ersten Sommerferien. Lissi wurde bewusst, dass sie nach diesen sechs Wochen nicht mehr zu den Kleinen gehören würde. Sie war jetzt bald Zweitklässlerin und diese Aussicht stärkte ihre Persönlichkeit grenzenlos. Was für ein Egoshooter. In diesen Ferien mutierte Lissi zu einem Mädchen. Sie wollte am Campingplatz nicht mehr mit mir duschen oder Zähneputzen gehen. Autsch, das tat weh. Ich dachte zunächst, das sei nur so eine Phase, aber wir duschten jetzt tatsächlich getrennt. Natürlich bin ich ihr heimlich gefolgt und habe darauf geachtet, dass sie gut im Nassbereich und danach wieder an unserem Bus ankommt. Ich musste schmerzhaft erkennen, wie sie jeden Tag stolzer und selbstsicherer diesen Weg antrat. Sie führte erwachsene Gespräche mit anderen Damen und Mädchen. Dann ging es auch alleine zum Einkaufen in den Supermarkt, und es machte ihr großen Spaß, alles selbst zu bezahlen.

Als wir danach meine Familie in London besuchten, war

ihr Selbstvertrauen so groß, dass sie sogar spontan bei einem Auftritt fremder brasilianischer Akrobaten am Themseufer mitwirkte. Sie müssen wissen – bis zu diesem Zeitpunkt fürchtete sich Lissi vor allen dunkelhaarigen Menschen und ging stets auf Sicherheitsabstand. Teilweise brach sie nur beim Anblick einer schwarzhaarigen Person in Tränen aus. Deshalb konnte ich kaum glauben, was ich da sah! Meine kleine Maus. Plötzlich stand sie da, inmitten von sechs Männern, wurde erst auf die Schultern des einen katapultiert und verschmolz dann mit einer Menschenpyramide. Danach wurde sie von einem anderen durch die Luft gewirbelt, bis sie schließlich die Show mit einem Handstand beendete. Das Publikum klatschte Applaus, Lissi genoss das eben Erlebte beseelt und war sichtbar wonnetrunken. Das besondere Glitzern in ihren Augen werde ich nie vergessen! In diesem Moment wurde mir schmerzlich bewusst, dass aus meiner kleinen Lissi ein großes Mädchen geworden war. Ein Mädchen, das jetzt seine eigenen Wege suchen und gehen würde. Ich wusste nicht, ob ich heulen oder vor Stolz platzen sollte! Das Gefühl, das ich empfand, war eine Mischung aus beidem. Ein Gefühl, das ich noch nie zuvor empfunden hatte.

In mir lief ein Film im Zeitraffer ab: das Baby, das in meinem Bauch steckte und am liebsten nachts zu purzeln anfing. Der Wurm, der mit quietschorangen Haaren aus meinem Bauch geholt wurde und wie am Spieß schrie – nur für mich, zu meiner Beruhigung –, als Beweis, dass er wirklich am Leben war. Der fröhliche Schatz, der selten weinte und so gerne albern war. Die einjährige Lissi, die ihr Essen vom Tisch schmiss mit einem: »Schmeckte nichte!«, ohne es überhaupt probiert zu haben. Die kleine weiche Hand, die so oft in meiner Schutz gesucht hatte, wenn sie von neuen Situationen überfordert war. Die liebevollen Bussis, die sie auf meinen Bauch schmatzte, als wir uns alle auf Charly freuten. Das helle Stimmchen, das so gerne den Traumzauberbaum mitsang. Ihre erste Akrobatikshow bei Lilalu, wo sie als Vierjährige in einer echten Zirkusarena agierte, als hätte sie nie etwas anderes gemacht. Wie stolz und fürsorglich sie Charly an seinem Geburtstag in die Arme schloss und sagte: »Ich bin die Lissi, ich pass jetzt auf dich auf.« Das zierliche Wesen, das sich so zärtlich – fast unsichtbar – nachts im Bett an mich schmiegte, dass man es kaum wahrnahm. Ich sah Lissi vor mir, wie sie an ihrem ersten Schultag verloren in der ersten Reihe saß und nicht genau einschätzen konnte, was da auf sie zukommen würde.

Und jetzt stand ich am Themseufer. Ich sah, dass aus meinem Kleinkind eine ernst zu nehmende Freundin und aus mir ihre Wegbegleiterin geworden war. Dass sich das Kleinkind als ein tolles Mädchen, eine hingebungsvolle große Schwester und eine zauberhafte Tochter entpuppt hatte. Sie würde in Zukunft immer öfter den von mir vorgegebenen Familienrahmen verlassen und ihre eigenen Erfahrungen machen wollen. Dieses Gefühl sagte mir, dass meine Rolle – als allzeit bestimmende und sorgende Mama – nun neu definiert werden würde. Dass ich fortan mehr als Ohr und Ratgeber zu ihrer Seite stehen würde. Es war der Moment eines weiteren Abschieds von der schönsten und innigsten Zeit als Mama eines Kleinkindes.

Es wundert Sie wahrscheinlich nicht, dass ich meinen dreijährigen Charly in diesem Moment besonders fest in die Arme nahm. Ich inhalierte seinen Geruch und gab ihm ein Bussi. Er war meine Versicherung dafür, dass ich noch ein paar Jahre Kleinkindmami sein durfte. Noch circa drei bis vier Jahre, wenn es gut lief. Charly sagte nur: »Ich mag kein Bussi, Mama« und klatschte stolz seiner geliebten Schwester Applaus.

Als wir kurz darauf shoppen gingen, entschied sich Lissi – zum ersten Mal bewusst – für einen eigenen Kleidungsstil. Sie kaufte sich eine Leggins und eine Jeansshorts, die sie dann den ganzen Restsommer und Herbst nicht mehr auszog.

Als wir wieder in München ankamen, wurde der Schrank aussortiert und nur noch mit gewünschten Klamotten bestückt. Das Kinderzimmer wurde ausgemistet und alles »Bäbische« wurde großzügig Charly geschenkt. Sogar ihr altes Hochbett mit Rutsche. Charly freute sich natürlich wie Bolle und wuchs auch gleich um zwei Köpfe.

Nach den Ferien stand fest, wir Eltern würden unsere vier Zweitklässler nur noch die erste Schulwoche auf dem Schulweg begleiten. Als ich – zum letzten Mal – an der roten Linie stehen blieb und Lissi nachsah, drehte sie sich nicht mal mehr um. Mein großes Mäuschen. Natürlich ließ ich erst zu Hause meinen Tränen freien Lauf. Ich will ja nicht, dass andere denken, ich sei gefühlsduselig.

In der zweiten Hälfte der ersten Klasse wurde auch eine neue Dimension der Mutter-Tochter-Kommunikation eingeläutet: die der selbst geschriebenen Liebes- oder Hassbekundungen: »Liebe Mama ich lipe tich«. »Liepe Mama du pist dov.« Hauptsache ist doch, man bleibt ein Leben lang im Dialog.

Wie Mama es macht, macht Mama es falsch!

Hoffentlich gelingt es mir in den nächsten Jahren, die falschen Entscheidungen und Freunde meiner Kinder zu ertragen. Nur mit Fragen an ihrer Seite zu stehen, um ihnen neue Blickwinkel auf fehlerhafte Situationen oder Beziehungen zu eröffnen. Lissi und Charly den Raum zu lassen, Fehler machen zu können – aber trotzdem größere Verletzungen und Schäden von ihnen fernzuhalten. Schließlich bin und bleibe ich – bis zu meinem letzten Tag – ihre Mama. Und die beiden sind meine Schätze.

Hier beende ich meine Gedanken zum Thema Erziehung, obwohl ich noch lange nicht alles bedacht und erzählt habe. Aber die anderen Themen brauchen ja auch noch Platz. Fakt ist, wenn man liebt, fällt Erziehung oft nicht leicht. Schließlich war jede Mama auch mal Kind, das sich über die eigene übergriffige und nervige Mutter geärgert hat. Es ist immer eine Gratwanderung, ob Mama es gut macht – oder eben nicht! Wenn ich es recht bedenke, war die Erziehung unserer Katze dagegen ein Himmelsritt. Die ersten zwei Wochen pfiff ich eine bestimmte Melodie, wenn ich das Schälchen hinstellte – nach zwei weiteren Wochen kam Lümmel per Pfiff nach Hause und ging aufs Katzenklo. Eine Frage, die definitiv bleibt: Bei Kindern welchen Alters macht Erziehung eigentlich Spaß? Ehrlich betrachtet (meine Mutter gibt mir da sicher recht), fühle ich mich heute – noch lange nicht – so richtig erwachsen.

Der Piesler – von Anfang an fremdbestimmt

Als Frau fällt es einem nicht schwer, sich in ein Mädchen hineinzudenken. Man weiß, wie wichtig Haare oder die richtigen Klamotten sind. Dass Lissi eine Scheide hat, war bis jetzt kaum Thema. Natürlich hat sie sich ihr Geschlecht das eine oder andere Mal genauer angesehen. Mit circa zwei Jahren stellte sie interessiert fest, dass ihr Papa einen »Piesler« hat, und wurde sich des Unterschieds zwischen Frau und Mann bewusst.

Seit der Geburt von Charly steht fest: Jungs ticken von Anfang an anders! Und vieles dreht sich dabei um ihre kleine – aber umso mächtigere – körperliche Mitte. Wenn Lissi in den ersten Wochen beim Wickeln pieselte, war nur die Unterlage nass. Wenn Charly Pipi machte – und Mama mal nicht ganz bei der Sache war –, bewässerte der kleine Penis, rasensprengermäßig, Mama und die komplette angrenzende Umgebung. Danach folgte eine Generalsanierung des Tatorts und der Mutter.

Ab dem vierten Lebensmonat – sprich ab dem Moment, in dem die Hände der Babys gezielt greifen können – hatte Charly in jedem Nacktzustand seine Kommandozentrale in der Hand. Mann muss ja schließlich zu jeder Zeit wissen, ob noch alles da ist, wo es auch hingehört!

Die Erektionen, die schon sehr früh einsetzen, wurden bis zum konkreten Sprechen gerne mit Heulanfällen und »aua,

aua« vertont. Leider hieß das auch, dass ich teilweise minutenlang beim Windeln unterbrochen und am Ende – zum Dank – erneut begossen wurde.

Als Charly circa drei Jahre alt war, kam er einmal völlig aufgelöst – weil erregt – zu mir: »Mama, Mama, mein Piesler ist scharf!« Er wollte mir damit sagen, dass er brennt und ihm wehtut. Und wie reagiert eine liebende Mutter in solch einem Ausnahmezustand? Ganz klar: »Spätzchen, geh zu deinem Papi, der kann dir sicher helfen!«

Kurz darauf zeigte ihm der Vater seines besten Freundes Henry – bei dem Besuch einer öffentlichen Parktoilette – das Pinkeln im Stehen. Eine großartige neue Welt tat sich auf. Seitdem steht Charly gerne nackig und cool breitbeinig leider nicht vor dem Töpfchen oder der Toilette, sondern lieber bei uns im Garten. Dort fixiert er mit seiner Waffe diverse Ziele: Blumentöpfe, Kleingetiere und auch mal Mamas Schuh – nichts ist mehr sicher.

Aber so ein kleiner Piesler kann auch tatsächlich schon richtig große Sorgen bereiten! Der Sohn meiner Arbeitskollegin Petra hatte einen Hodenhochstand. Das hängt damit zusammen, dass die Hoden innerhalb des ersten Jahres von der Niere aus von Hormonen gesteuert und bis spätestens zum ersten Geburtstag in den Hodensack wandern sollen. Kommen sie dort nicht rechtzeitig an, besteht die Gefahr, dass die Hoden im warmen Körper verkümmern und die kleinen Jungs schon im Babyalter unfruchtbar werden. Sie musste wochenlang ein Hodenprotokoll führen, wann und wie oft sie im Hodensack sichtbar waren und wann nicht. Das Ende des Lieds war, dass die Hoden unter Vollnarkose aus den Leisten in seinen Hodensack gezogen und angenäht werden mussten. Ein ziemlich schmerzhafter Eingriff, vor allem, wenn die Narkose nachlässt. Da war Julian eineinhalb Jahre alt. Damit die OP ein Erfolg ist, muss das Kind drei Tage lang ruhig liegen bleiben. Jetzt erklären Sie das mal einem Einjährigen, der gerade erst das Gehen für sich entdeckt hat. Diese drei Tage wird Petra sicher nie vergessen!

Was der Neid den Männern lassen muss, ist, dass ihr Geschlecht tatsächlich eine große Treffsicherheit besitzt. Wir Frauen müssen halt schwer kämpfen, um uns beim Freipinkeln nicht die eigenen Klamotten zu benässen.

(Un-)Endlich Mama

Achtung! Nach mehrmaligem Lesen muss ich Sie vorab darauf hinweisen – dieses Kapitel ist irgendwie verwirrend. Fangen wir vorne an: Ob Mama, Mami, Muddi, Mudda oder Mutti – eine Mutter ist auch nur eine natürliche Person! Leider. Eigentlich gibt es keinen Grund zur Beunruhigung. Wir sind nur Mamas – mit uns kann man doch reden! Darf man Wikipedia mal wieder Glauben schenken, ist eine Mutter der weibliche Elternteil, die gesetzliche Vertreterin und Sorgeberechtigte ihrer minderjährigen Kinder. Mit Antritt der Mutterschaft kommen die Elternpflichten. Im übertragenen Sinne bezeichnet der Begriff »Mutter« auch die Gründerin einer Organisation oder einer Denkrichtung: Soll heißen – Alleinherrscherin des familiären Haushaltschaos. Nur interessiert es bei mir zu Hause keinen, was ich eigentlich so denke.

Babys kommen zwar mit einem Naturinstinkt auf die Welt, aber leider fehlt ihnen das »Was-ich-über-Mama-wissen-sollte-Gen«. Wenn es dieses Gen gäbe, dann wäre allen Kindern und Mamas der Welt geholfen, denn dann wäre – von Anfang an – klar:

Jede Mama hat Stärken, Schwächen, große Freude und auch jede Menge Frust.

Jede Mama ist so unberechenbar wie das Wetter.

Und für jede Mama gilt: Wie man in den Wald hineinruft, so schallt es auch heraus!

Was viele nicht wissen – auch in der Technik ist eine Mutter nicht wegzudenken. Dort dient sie nämlich interessanterweise dazu, den unteren Teil des meist unbekannten Schraubenvaters zu schützen und zu fixieren.

Mutter, Vater, Kind = Familie

Zum Muttersein gehört ja auch immer ein Vater. Bei mir ist das glücklicherweise so. Dieser ist im Idealfall lustvoll an der Entstehung des neuen menschlichen Wesens beteiligt und befindet sich nach der Geburt gerne auf Geschäftsreisen. Papa und Mama sind Eltern. Eltern sind Paare, die Kinder in die Welt setzen. Eltern sind weitverbreitet und aus Kindersicht stecken sie immer unter einer Decke. Obacht! Diesen Eindruck gilt es zu schützen, auch wenn es unter der Decke mal gewaltig brodelt. Bei Unstimmigkeiten in Sachen Erziehung hat man nämlich als Eltern verloren, und die Zwerge tanzen einem rücksichtslos auf der Nase herum.

Eltern bemühen sich die ersten zwei Lebensjahre, dem Kind das Sprechen beizubringen – was sie die restlichen 16 gemeinsamen Jahre dann oft bereuen! Da habe ich noch überhaupt keine Meinung dazu. Im Moment genieße ich es, dass Charly plappert wie ein Wasserfall und auch Lissi ist eine großartige Gesprächspartnerin für mich – die Pubertät liegt ja noch in weiter Ferne. Mama ist leider immer die Spaßbremse, weil sie sich um Hausaufgaben und andere Pflichten kümmert, während Papa am Wochenende das coole Bespaßungsprogramm auffährt.

Sobald es Mama, Papa und mindestens ein Kind gibt, spricht man von einer Familie. Als Familie bezeichnet man im Allgemeinen eine Gruppe aus drei bis unendlich vielen Menschen, die sich bei Familienfeiern um den besten Platz am Buffet oder auf dem Sofa streiten.

Die Organisation dieser Feierlichkeiten – Geburtstage, Ostern, Nikolaus und Weihnachten – liegt natürlich voll und ganz in den Händen der Mamas!

Mutterpflichten

Neben meinem Beruf habe ich noch viele Nebenjobs, die Ihnen sicher auch bekannt vorkommen:

Managerin für Essen, Klamotten, Spielzeug, Sport- und Schulbedarf sowie Müllfrau für Essen, Klamotten, Spielzeug, Sport- und Schulbedarf. Koordinatorin der kleinkindlichen Frühförderung. Pflegerin im Krankheitsfall. Organisatorin der Familienurlaube und -feste. Hausaufgabenkontrolleur. Trostpflaster. Chauffeuse. Hausmeister. Köchin. Putzfrau. Habe ich was vergessen? Achja. Für keinen dieser Jobs werde ich bezahlt.

Eine Mama ist – außer Haus – auch noch ein wandelnder Kiosk. In Mamas Tasche befinden sich nämlich neben ihrem Geldbeutel und Handy: Trockentücher, Windeln, Getränke, Apothekensackerl, Obst in Tupperware, Dinkelstangen, Sprungseil, Pixibuch und ein Ball. Eine Mama ist 24 Stunden für alles gerüstet und bereit.

Trotzdem mache ich mir nichts vor: Ich weiß genau, wenn Sie meine Kinder in zehn Jahren fragen, wie sie mich sehen, wird am Ende nichts Schönes dabei rumkommen. Ich werde als überflüssige Mitbewohnerin dastehen, die mit blöden und langweilen Sprüchen nervt: »So gehst du mir nicht aus dem Haus. Du musst mehr Obst und Gemüse essen! Hast du deine Zähne geputzt? Hände gewaschen? Räum bitte dein Zimmer auf. Hast du Physik gelernt?«

Alles Sätze, die – aus der Sicht einer Mutter – eine unbedingte Daseinsberechtigung haben. Phrasen, mit denen mich meine Mutter schon genervt hat, besonders wenn der neue Love-Interest mit am Tisch saß. Aus heutiger Sicht kann ich meine Mutter mehr als nur gut verstehen, sie hat halt ihre Mutterpflichten ernst genommen und sich um mich gesorgt! Ein unglaublich undankbarer Job. Meine Mutter nahm ihren Job sogar so ernst, dass sie beim allerersten Treffen mit Georg – der damals eine wuschelige Surferfrisur trug – ihren Kamm zückte und versuchte, seine Mähne zu bändigen! Ich sehe es als großen Liebesbeweis, dass Georg nicht Reißaus nahm.

Leider erkrankte meine Schwester letztes Jahr sehr schwer – kurz vor dem 70. Geburtstag unserer Mutter. Unsere Mutter ließ selbstverständlich alles stehen und liegen und flog sofort nach London. Dort kümmerte sie sich Tag und Nacht um ihre Tochter und deren Familie. Ganze sechs Wochen lang. Natürlich war sie da, sie ist ja ihre Mutter. Sie hätte es nicht einen Moment ausgehalten, nicht an ihrer Seite zu sein! Das war schon für mich als Schwester sehr grausam. Da wurde mir bewusst – eine Mama hört nie auf, Mama zu sein, selbst wenn sie schon Oma ist! Die Sorge einer Mama um die eigenen Kinder ist – im wahrsten Sinne – unendlich. Und als Dankeschön, dass man sich als Mutter – ab Tag eins – für die Kinder aufopfert, Liebe und Trost spendet und sich selbst zu einem großen Teil aufgibt, werden Witze über uns gerissen.

Daniela Oefelein
An: Susanne Waack
25.11.2014 09:37

Falls es dich interessiert, mein Buch wächst und gedeiht. Bei meinen Recherchen zum Thema Mutter habe ich eine unglaublich miese Entdeckung gemacht. Ist dir eigentlich schon mal aufgefallen, dass die Mütterwitze der Kinder immer total beleidigend und unter der Gürtellinie sind? Wir kommen immer fett und dumm davon. Die Väterwitze sind jedoch meist humorig und teils auch intelligent! Ein Beispiel: Als Bob der Baumeister deine Mutter sah, hat er gesagt: Das können wir nicht schaffen! Ein Brüller, haha. Oder: Deine Mutter stellt sich zwischen zwei Mülltonnen und schreit: Familienfoto. Huhahaha.
Hingegen: Treffen sich zwei Väter in einer Bar (alleine die Tatsache, dass Männer abends mal schnell in eine Bar gehen können, ärgert mich ja schon). Der eine: »Du, ich werde Vater.« Der andere: »Toll, wieso schaust du dann so traurig?« Der eine: » Na, meine Frau weiß noch nichts davon.« Hallo? Das ist lustig und hat Niveau. Oder?

Susanne Waack
An: Daniela Oefelein
25.11.2014 09:57

Über was du dir so Gedanken machst? Hast wohl zu viel Zeit? Kennst du den? Kind: Papa, Papa. Was ist ein Vakuum? Papa: Ich hab's im Kopf, Sohn – aber ich komme gerade nicht darauf! Was ist daran bitte vaterfreundlich??? Max macht schon lange keine Witze mehr über seine Eltern, er findet uns einfach nur bescheuert, weil wir nicht so cool sind wie seine Patentante.

Danke, dass du mit ihm auf das Cro-Konzert gegangen bist. Stehst jetzt auf Platz 1 seiner Hitlist!

Daniela Oefelein
An: Susanne Waack
25.11.2014 10:12

Ich hatte auch Spaß. Max hat nicht gestunken und seine Haare waren gewaschen! Außerdem hat sich seine orientierungslose Tante mal wieder nachts im Olympia-Park verlaufen und er hat uns – mit seinem GPS im Handy – sicher zu unserem Auto geführt. Er ist ein Held! Zu Weihnachten gibt's dann Fanta-Vier-Karten. Jede Mama braucht einen Toyboy – ich habe Max.

In meinen Augen ist es absolut verkehrt, über die eigene Mutter Witze zu machen. Nicht, dass ich humorlos wäre! Nein, ich lache sogar gern und viel und besonders laut über andere – aber nicht über Mütter! Jede Mutter kämpft sich durch den Tag und hat das große Ziel, dass es den eigenen Kindern immer am besten geht. Manchmal gelingt uns das Vorhaben, manchmal nicht. Und manchmal empfinden die Kinder es eben nicht als das Beste für sie – das kann Mama dann halt auch nicht ändern.

Mutterrechte – mehr schlecht als recht!

Was ist eigentlich ein Recht? Ein Recht ist eine juristisch erlaubte Tätigkeit. Und obwohl wir in einem Rechtsstaat leben, sieht es mit den Rechten für die Mamas eher schlecht aus. Es gibt zwar das Mutterschutzgesetz, das eine werdende Mutter am Arbeitsplatz beschützt, solange man festangestellt ist. Ich als Freiberuflerin bin natürlich nicht in den gesetzlich vorgeschriebenen Mutterschutz entflohen, sondern stoppte mein Wirken – bei allen Kindern – erst circa drei Wochen vor dem Geburtstermin. Bei Charlys Schwangerschaft bereute ich meine Emsigkeit schon im Vorhinein, weil ich seit Lissis Geburt ja im Nachhinein wusste, wie blöd das von mir war. Aber wie heißt es so schön? Alter schützt vor Torheit nicht!

Anstatt meinen dicken Bauch auf dem Sofa zu parken und noch mal genüsslich die ruhigen Vormittage mit guter Literatur oder spannenden US-Serien zu genießen, trug ich meinen alten Freund »Marienhof« inhaltlich zu Grabe – die Serie wurde nämlich eingestellt – und verschwand danach im Kreißsaal. Kein Wunder, dass ich in Charlys ersten Lebenswochen furchtbar gestresst war. Mutterschutz macht wirklich Sinn. Auch nach der Geburt! Denn wer oder was beschützt uns Mamas vor Haushalt und Kindern? Niemand! Meine Rechte unterliegen meiner Familie und die übersieht – wie ich finde – meine Rechte ganz gelassen. Wäre ich Politikerin, ich würde mich für Mütterrechte stark machen! Sie wollen sicher wissen, für welche?

§ 1 – *Schlafen, schläfen, schläft!*
Zunächst würde ich allen Müttern neun Stunden Schlaf am Stück garantieren. Im besten Fall allein, im eigenen Bett. Der Schlaf dürfte nie vor sieben Uhr morgens enden. Besonders Kleinkinder scheinen nämlich zu denken, dass der Schlaf einer Mama völlig überflüssig ist. Dabei braucht sie ihn doch eigentlich viel mehr als andere! Wie gesagt, ich kann ein Lied

davon singen, weil mich Charly nachts – vier Jahre lang – wach gehalten hat. In vielen Nächten habe ich versucht, dem Wurm einzutrichten, dass Schlaf keine böse und unsinnige Erfindung der Bettenindustrie ist, sondern überlebenswichtig! Der Schlafentzug war wirklich die reinste Folter. Ich hatte Konzentrationsschwächeanfälle, die in Wortfindungsschwierigkeiten gipfelten – was als Autorin natürlich doppelt tragisch ist. Ich ertappte mich dabei, dass ich mit Synonymen das Ursprungswort ergoogelte. Wie lange es gedauert hat, bis ich ein Synonym zu dem vergessenen Ursprungswort hatte, brauche ich wohl nicht zu erwähnen. Teilweise wusste ich ja nicht mal mehr, welcher Wochentag war oder was ich am Abend zuvor gemacht hatte.

Dank Schlafentzug und Konzentrationsproblemen hatte ich eine neue Freundin, die Panik. Permanent vergaß ich, wo ich gerade Schlüssel, Handy oder Geldbeutel hingelegt hatte. Die Angst – dass ich soeben mich und meine Kinder aus dem Haus ausgesperrt hatte oder den schon über den Scanner gezogenen Großeinkauf nicht zahlen könnte – war mein ständiger Begleiter. Natürlich machte ich immer meinen Mann dafür verantwortlich. Der war ja mit Keineahnung befreundet. Sie kennen das sicher auch. Man ist als Mama mal wieder viel zu spät dran, um die Kinder abzuholen, findet weder Schlüssel noch Geldbeutel: »Schatz, weißt du, wo mein Schlüssel ist?« Sie können sicher erraten, wie die Antwort lautet – und zwar jedes Mal! Was ja noch nicht ganz so schlimm wäre, wenn der Mann sich dazu bequemen würde, mitzusuchen. Und da soll man dann noch freundlich bleiben? Schwierig.

Meine Dauerermüdung führte sogar dazu, dass ich eines Abends auf dem Sofa – dank Kika und dem Sandmann, vor dem Fernseher, leider aber auch vor den Kindern – in einen Tiefschlaf fiel. Georg war mal wieder beim Drehen in St. Nirgendwo und natürlich nicht zu Hause. Lissi versuchte mich wach zu kriegen, traute sich aber nicht, grob zu werden. Und die erste Tiefschlafphase ist bei mir wirklich tief ... Schließlich erreichte sie telefonisch unsere Nachbarin, die mich gleich wecken kam. Gott sei Dank wählte Lissi diesmal nicht die 110. Seit dem Vorfall ist sich Charly übrigens sicher, dass der Sandmann echt was kann!

Neben der Panik zogen auch die schlechte Laune und ihre Bekannte, die Ungeduld, bei mir ein. Ab diesem Zeitpunkt hielt ich an einer neuen These fest: Deine Kinder folgen schneller, je lauter du sie anschreist. Kleines Beispiel: Ich hatte es mal wieder eilig, um Charly rechtzeitig abzuholen. Da lief uns ein Herrchen mit seinem Köter über den Weg. Und Lissi ist im Gegensatz zu mir – was Sie sicher meiner Ausdrucksweise entnommen haben – eine Hundeliebhaberin. Es gibt keine Töle, die sie nicht durchwuschelt. Und da Zeitdruck Feind des guten Tons ist, schrie ich: »Lissi, für so einen Quatsch habe ich echt keine Zeit!« Da fragte das Herrchen: »Wieso schreien Sie das Kind so an?« Dafür hatte ich natürlich keine sinnvolle Erklärung und blieb ertappt eine Antwort schuldig. Leider hatte Georg mit meiner Lautstärke auch große Probleme und ich arbeite seitdem – täglich – an meiner Kommunikation.

Die Tatsache, dass ich jetzt als Schulkindmami – seit 2013 jeden Tag – um sechs Uhr morgens aufstehen muss, ist nicht wirklich förderlich für die Familienstimmung. Aber daran ist das Schulsystem schuld und ausnahmsweise mal nicht Georg! Am liebsten gehe ich abends schon mit den Kindern ins Bett. So komme ich dann wenigstens auch auf neun Stunden

Schlaf – natürlich nur, wenn wir von keiner Krankheit heimgesucht werden.

Welches Gesetz fehlt noch?

§ 2 – *Mama darf auch mal krank sein!*
Dieser Paragraf ist rein utopisch, in der Realität wird es ihn niemls geben. Aber nur mal darüber nachzudenken, tut sooo gut! Als ich noch keine Mama war, konnte ich mich beim leisesten Anflug einer Erkältung in Ruhe in ein Erkältungsbad werfen und für 24 Stunden alle Fünfe gerade sein lassen. Danach ging es mir wieder gut. Eine Sportverletzung wurde bandagiert und für ein paar Tage stillgelegt. Kurz darauf war wieder alles tippetoppe. In diesem Punkt ist die Schwangerschaft eigentlich die Ankündigung eines Zustands, der dann nach der Geburt für immer bleibt. Eine Mama muss funktionieren, egal, was kommt. Und egal, wie es ihr geht. Soll heißen, auch wenn sie sich viermal am Tag übergeben muss, geht Baldmama noch brav arbeiten. Sie will ja nicht, dass die Kollegen über sie lästern: »Die ist doch nur schwanger und nicht krank.« Diverse Tätigkeiten (vom Schuhe an- und ausziehen mal ganz abgesehen) sind mit 25 Kilo Mehrgewicht oft nicht mehr so leicht und schnell umzusetzen, trotzdem will man sich nicht die Blöße geben und erscheint pünktlich zur Arbeit.

Der erste Horror erwartete mich acht Wochen nach Lissis Geburt. Eine ungebetene Sommergrippe, die mich ans Bett fesseln und in einen komatösen Tiefschlaf schicken wollte, suchte mich heim. Mit brutalen Fieber- und Gliederschmerzen, denen ich früher – mit einem starken Medikament – ruckzuck den Garaus gemacht hätte. Aber als stillende Mama nimmst du heldenhaft – nichts! Obwohl ich vom Fieber

Schüttelfrost hatte, stillte ich alle zwei Stunden mein Kind. Anstatt zu schlafen, wickelte und schaukelte ich mein Baby und hielt die Schmerzen einfach aus. Mamas leiden still! Unvergessen auch der Magen-Darm-Virus, der zuerst Charlys Kita, dann Charly, dann Lissi und zu guter Letzt mich aus dem Verkehr zog. Fragen Sie bloß nicht, wo mein Mann mal wieder steckte. Eigentlich könnte ich unseren Krankheitswecker nach Georgs Drehplan stellen. Denn es ist ein unfassbares Phänomen: Sobald eine Krankheitswelle bei uns einschlägt, ist mein Mann unsichtbar.

Alles fing ganz harmlos an. Zu diesem Zeitpunkt war ich süchtig nach der Serie »Homeland« und steckte mitten in der zweiten Staffel. Mein Bedürfnis nach Schlaf verlor gegen meine Obsession und das spannende Schicksal von Nikolas Brody. Deshalb blieb ich an diesem Abend – ausnahmsweise – sehr lang auf. Zwei Stunden, nachdem ich es mir vor dem Fernseher gemütlich gemacht hatte, hörte ich ein Geräusch aus Charlys Zimmer. Ich dachte nur: »Er wird doch nicht wieder aus seinem Bett geklettert sein?« Aber nein: Charly hatte sich, selbiges Bett und die Wand mit einem nicht endenden Kotzestrahl besudelt. Der auch vor der treusorgenden Mama nicht haltmachte. Der kleine Wurm würgte und würgte, ich konnte ihn kaum beruhigen. Mir war natürlich auch sofort übel. Es gibt doch nichts Schlimmeres als Erbrochenes, auch wenn es das des eigenen Kindes ist. Charly wurde ausgezogen, geduscht, neu eingekleidet und auf saugfesten Wickelunterlagen sicher in meinem Bett geparkt. Ich zog das Bett ab, wischte alles auf und schmiss die erste Waschmaschine an. Frisch geduscht wollte ich eineinhalb Stunden später endlich wieder ins Bett – da ging es von vorne los. Insgesamt ergab diese Nacht vier volle Waschmaschinen.

Charly ging es am nächsten Morgen – überraschenderweise – wieder gut. Trotzdem behielt ich ihn zu Hause. Da rief vormittags die Schule an, weil Lissi sich schlecht fühlte. Und so gingen wir erneut in eine nächtliche Schleife, mit drei weiteren Wäschetrommeln. Sie ahnen sicher schon, was der dritte Tag für eine Überraschung für mich bereithielt. Der gesunde Charly wurde von seiner Oma abgeholt, Lissi und ich lagen gemeinsam auf dem Sofa und teilten uns den Eimer. Wir knabberten Salzstangen und Lissi durfte – zum ersten Mal in ihrem Leben – Cola trinken. So blieb der Virus wenigstens bei ihr in guter Erinnerung. Dass wir aus Sicherheitsgründen unseren Skiurlaub auf einer Alm – mit nur einem Plumpsklo – verschoben haben, können Sie sicher nachvollziehen.

Ein in Stein gemeißeltes Gesetz scheint zu sein: Krankheiten kommen eh immer zum falschen Zeitpunkt! Als wir vor fünf Jahren mit Susi und Max nach Kreta flogen, brach sich Max – genau drei Tage vor dem Abflug – den Arm. Schöne Bescherung. Denn dann ist Urlaub ein bisschen so wie die Sache mit dem Esel und der Karotte. Da sitzt man mit einem Siebenjährigen zwischen Meer und Pool und er darf nur draufgucken. Natürlich kommt man sich dann schäbig vor, wenn man in die Fluten springt. Also musste die Badefreude heimlich stattfinden. Dank der Hitze und dem Sand juckte es Max nach nur zwei Tagen gewaltig unter seinem Gips, und wir beschlossen, auf Kunst und Kultur zu setzen. Also besuchten wir jeden Stein auf der Insel, der älter als 200 Jahre war. Bei 42 Grad Hitze und ohne Air Condition – mit zwei Kindern im Auto – natürlich ein Heidenspaß.

Ich selbst kann übrigens voller Stolz behaupten, dass ich alle Kinderkrankheiten hatte – leider erst vor Kurzem! Meine

Mutter erwähnt immer glücklich, dass ich so ein gesundes Kind und nie krank gewesen sei. Na toll. Lieber hätte ich diesen Kinderkram früher ausgebrütet, aber damals hatte ich nur die Masern. Die Kurzfassung: Windpocken jucken wie Sau. Nicht zu kratzen, ist schier unmöglich und nur mit ungesunden Mengen an Wein zu überleben. Scharlachbakterien sind langlebig, gemein und hinterfotzig. Röteln können einem den ganzen Urlaub ruinieren. Mein Fazit: Kinderkrankheiten sind nichts für Erwachsene!

§ 3 – Mamas kinderfreier Nachmittag
Diesen Tag gibt es wahrscheinlich erst, wenn die Papas die Kinder zur Welt bringen. Es ist sozusagen ein St. Nimmerleinstag! Aber jetzt mal nur so vor mich hin gesponnen: Es wäre doch absolut spitze, wenn zum Beispiel der Mittwochnachmittag ein großes, schwarzes Zeitloch hätte, in dem die Kinder – nach dem Kindergarten und der Schulbetreuung – verschluckt werden würden. Abends würden sie bereits schlafend direkt in ihren Betten ausgespuckt werden. Der unbezahlbare Vorteil des Zeitloches wäre, dass Mama nirgendwo Kinder abholen oder hinbringen müsste. Kein Playdate-Stress, kein Hausaufgabenstreit, kein Horror am Abendbrottisch, kein Zähneputzgedöns – einfach einen entspannten Nachmittag auf dem Sofa.

Hätte ich so ein Zeitloch gehabt, wäre auch nicht Folgendes geschehen: Mir als Serientäterin passiert es wirklich nur ganz selten, dass ich von einer Story so angefixt bin, dass ich nicht abschalten kann und in einem Rutsch durchschauen muss. So erging es mir bei »24«, »Six Feet Under« und »Dexter«, diese Serien habe ich jeweils an einem Wochenende durchgehabt – da hatte ich natürlich noch keine Kinder. Mir war nicht klar, dass es um mich geschehen sein würde, als ich von Freunden die erste Staffel der amerikanischen Serie »Homeland« geliehen bekam. Georg war mal wieder irgendwo unterwegs. Zum Leidwesen meiner Kinder fing ich an einem Montagabend an, Nicolas' und Carries Schicksal zu verfolgen. Ich blieb bis spät in der Nacht dran hängen, und wären da nicht die Kinder gewesen – ich hätte am Stück durchgeschaut. Diese Serie hat ein so sportliches und spannendes Erzähltempo, dass ich unbedingt wissen wollte, wie es weitergeht. Jedes Folgenende toppte den Cliffhanger zuvor. Eine unglaublich intelligente Dramaturgie, sodass der Zuschauer schon immer mehr weiß als die Protagonisten und deshalb atemlos mitfiebert, wann die diversen Bomben endlich platzen. Und wenn ich dachte, jetzt passiert es, kam wieder eine unglaublich überraschende Wendung um die Ecke. Ich konnte kaum schlafen und lag nervös im Bett. Wie ein Junkie überlegte ich, ob ich mir vielleicht doch noch eine Folge setzen sollte. Ich blieb jedoch standhaft. Am nächsten Morgen gab ich die Kinder – viel früher als sonst – in ihren Einrichtungen ab und begründete dies mit einem Geschäftstermin. Eigentlich hatte ich in dieser Woche eine wichtige Abgabe, blendete sie aber komplett aus und verschob sie auf mein Leben nach »Homeland«. Nach diversen Latte Macchiatos – und acht nervenzerfetzenden Folgen – fiel mein Blick auf die Uhr. Mist. Nur noch 10 Minuten bis zu Charlys Kitaende. War es wirklich schon so spät?

Die Folge, in der ich steckte, dauerte leider noch 35 Minuten. Ich war unter keinen Umständen in der Lage, Nicolas aus den Augen zu lassen. Immerhin stand der gerade mit einer Sprengsatzweste um den Körper unmittelbar in der Nähe des Präsidenten, den es zu töten galt. Und Carries bipolare Störung ließ mich auch nicht los, denn immerhin war sie Nicolas ganz knapp auf den Fersen, und alle hielten sie deshalb für verrückt. Ist doch klar, dass mir da die Schließungszeiten der Einrichtungen meiner Kinder – doch bitte mal – grad egal waren. Eine Lösung musste her. Ich konnte jetzt unmöglich das Haus verlassen. Mein Gehirn arbeitete fieberhaft. Schließlich griff ich zum Telefon. Glücklicherweise erwischte ich jeweils eine Mama, die dank meiner Notlage Charly und Lissi mit zu sich nach Hause nahmen. So ein dringender Geschäftstermin kann ja schon mal länger dauern … Ich konnte nun einigermaßen entspannt die erste Staffel zu Ende sehen. Das Problem war nur: Das Staffelende war erneut so extrem fesselnd, dass ich mich, anstatt meine Kinder abzuholen, daransetzte, herauszufinden, wie ich schnellstmöglich an die zweite Staffel herankommen konnte. Hinterher hatte ich zumindest bei der einen Notbetreuungsmama brav gebeichtet und sie konnte sogar mit mir lachen.

Gäbe es das Zeitloch für Mamas, hätte ich nicht schwindeln müssen. Aber auch eine Mama darf doch mal zu einer kleinen Notlüge greifen. Oder? Hätte ich einen Urlaubsanspruch, hätte ich ihn sicher eingereicht.

Legen wir die Fakten doch mal auf den Tisch: Jeder Arbeitnehmer hat gesetzlichen Anspruch auf Urlaub. Aber was ist mit den arbeitenden Vollzeitmüttern? 365 Tage Fulltime, aber keinen Urlaub. Deshalb brauchen wir dieses Zeitloch. Wenn Georg zum Arbeiten weg ist – und das entscheidet sich gerne kurzfristig –, entfallen sogar die meist Monate im Voraus geplanten Zahn- und Frauenarztbesuche. Mittlerweile bin ich so weit, dass ich auch für diese Termine meine Nanny bezahle. Mein letzter Friseurtermin endete, als ich mit nassen Haaren und einem noch nicht nachgeschnittenen

Pony den Salon verließ – damit Lissi nicht vor einer verschlossenen Haustüre stehen musste. Es war Winter und es herrschten minus 3 Grad. Selbstverständlich bekam ich eine Erkältung.

Wenn Ihnen der Donnerstagnachmittag für das Zeitloch lieber ist, ich bin da ganz flexibel!

§ 4 Das Klo als kinderfreie Zone!
Was viele Papas nicht wissen, das Klo ist nicht nur ein Abort – für Mamas ist die Toilette ein Mehrzweckraum. Das WC ist meist nicht gemütlich und es gibt dort auch nichts zu spielen – trotzdem ist die Mama dort. Aber nur selten allein. Mamas dürfen nicht mal in Ruhe ihre Notdurft erledigen. Entweder fällt währenddessen ein Kind vom Stuhl oder ein Geschwisterstreit bricht aus und muss just – in dieser Minute – geschlichtet werden. Dass so viele Mamas Verdauungsschwierigkeiten haben oder an Verstopfung leiden, wundert mich nicht!

Bei uns ist die Toilette – neben Charlys Zimmer – der einzige absperrbare Raum. Diesen Umstand nutze ich gerne schamlos aus. Wenn ich zum Beispiel in Ruhe mit Susi telefonieren will, ohne während des Telefonats eine Karotte schälen, einen Kakao machen und die Hausaufgaben korrigieren zu müssen, ziehe ich mich aufs Häusel zurück. Wenn ich mich für einen Abendausgang aufbrezeln will – ohne dass meine Wimperntusche auf irgendeinem T-Shirt landet und mein Lippenstift wie von alleine abbricht und ich von hinten mit Parfüm besprüht werde, sodass ich wie ein dreistöckiges Puff stinke –, dann tauche ich heimlich auf Null Null ab. Die vielen Zeitschriften, die ich dort schon ungestört verschlungen habe, herrlich! Ich kann voller Stolz behaupten: Unser

Örtchen ist Telefonzelle, Kosmetikstudio und Pausenraum in einem. Deshalb wird es, wie das restliche Haus, immer saisonbedingt dekoriert.

§ 5 – Nie mehr Schmutzwäsche!

Eine meiner ersten Titelideen für dieses Buch lautete: »Nur die Waschmaschine kennt mein wahres Ich!« Wollen Sie wissen, wieso? Grundsätzlich versuche ich, mit meiner Familie ökologisch – im Einklang mit unserer Umwelt – zu leben. Ich kaufe gerne regionales und biologisches Essen, unser Haus ist nur mit Lehm verputzt und ich reduziere unseren Plastikmüll – was wirklich nicht so einfach ist! Aber energietechnisch bin ich leider eine echte Verbrauchersau geworden. Wie das kommt? Sobald ein Baby da ist, verdreifacht sich die tägliche Schmutzwäsche! Als Neumama ist man irritiert, dass 53 Zentimeter so viel Mehraufwand bedeuten. Aber die Gründe hierfür liegen schnell auf der Hand: das Spuckkind, das in nur einer Sekunde sich, Mama, Papa, Sofa und Teppich bespuckt, die Schnupfnasen, die am elterlichen T-Shirt oder an der Hose abgeputzt werden, die Tomatensoße, die so herrlich spritzt, wenn man mit seinem Löffelchen nur feste genug draufpatscht, der Babykot, der anfangs so flüssig wie gelb ist, dass ihm keine Windel der Welt Herr werden kann und der deswegen auf Body, Strampler und Bettchen klebt. Nicht zu vergessen die Folgeschäden: die Waschlappen und Handtücher, die fürs Saubermachen angefallen sind.

Und es wird nicht besser! Wenn die Kinder größer sind, spielen sie im Garten, im Park oder auf dem Spielplatz. An den Nachmittagen toben meine Kinder nach Herzenslust im Freien. Das ist auch gut so. Nur bedeutet dies bei meinen Zwergen: Matschepampe und Pferdestall. Beides sicher spaßige Hobbys – aber nicht besonders sauber! So eine Ritterburg muss ja stabil gegen Angriffe und ein Gaul mindestens einmal am Tag schlammfrei sein. Da ich auf Pferdehaare und Gestank allergisch reagiere und Sand in den dazugehörigen Kasten und nicht unbedingt in mein Wohnzimmer gehört, müssen sich Lissi und Charly schon immer vor der Haustür ausziehen. Über die diversen vollgepinkelten Hosen, die derzeit in der Entwindelungsphase bei Charly zusätzlich anfallen, will ich gar nicht sprechen.

Wenn man diese ganze Wäsche addiert, macht das jede Menge Mist. Der landet dann in meinem Keller – genau vor meiner Waschmaschine. Das Grausame ist, der Dreck wäscht sich leider nicht von alleine. Ich bin für das Trennen, Waschen, Trocknen und Zusammenlegen der Wäsche verantwortlich. Und das dauert ewig.

Ich dachte ja (natürlich sehr naiv) immer, dass man echte Emotionen nur für Menschen und Haustiere empfinden kann. In den letzten acht Jahren wurde ich aber eines Besseren belehrt: Teilweise hasse ich diese Wäscheberge so, dass ich sie zwar säubere und trockne, dann aber wochenlang das Zusammenlegen boykottiere. In dieser Zeit fühle ich mich unbesiegbar, mächtig und frei! Genau bis zu dem Moment, in dem meine Kinder nackt am Frühstückstisch erscheinen – weil sie nicht mehr wissen, was sie anziehen sollen. Wenn ich dann in diese ratlosen Kinderaugen blicke, gebe ich mich geschlagen und verschwinde im Untergeschoss.

Genervt mache ich mich dann an die Arbeit, und das Waschmaschinenauge beobachtet mich dabei.

Der ganze Arbeits- und Energieaufwand könnte schlagartig reduziert werden, wenn endlich jemand das Patent für »selbstreinigende Textilien« erfinden würde. Derjenige wäre sicher weltweit ein gefeierter Held und Milliardär. Zusammengefasst: Wenn mich also jemand in meinem Haushalt wirklich in- und auswendig kennt, dann ist das meine Waschmaschine! Ich danke ihr täglich für ihre Treue. Ja, ich spreche mit ihr. Denn ich bin mir durchaus bewusst, wie sehr ich von ihr und ihrem Mann, dem Trockner, abhängig bin. Mal ganz ehrlich, ich komme wochenlang ohne die Hilfe meines Mannes aus – aber ohne meine Waschmaschine? No way. Ein Horrorszenario, das durch § 6 meiner neuen Rechtsprechung dann sowieso verboten ist!

§ 6 – Keine außerordentlichen Zwischenfälle im Mama-Alltag

Außerordentliche Zwischenfälle sind die Todfeinde einer Working Mum. Ein reibungsloser Tagesablauf steht und fällt damit, dass sich alle an den von Mama ausgetüftelten Plan halten. Da gibt es kein Trödeln, alles läuft zackzack. Definitiv außerordentliche Zwischenfälle sind: eine Platzwunde, unerwartetes Fieber und Kindergarten-Sperrtage, die außerhalb der Ferien liegen. Was das für eine arbeitende Mutter bedeuten kann, lesen Sie später noch. Wobei, das ist ja alles noch harmlos. Es kann viel schlimmer kommen, und praktisch über Nacht. Wir schrieben den 14. Februar 2012. Es schneite und schneite. Statt Valentinstagsblumen hielt dieser Tag eine andere Überraschung für mich parat. Mein Mann hatte sich bereits einige Tage vorher zu Dreharbeiten nach Köln verabschiedet. Was sonst.

Es war noch die Zeitrechnung der »Komm, Mama, spiel mit Charly«-Nächte und kurz vor Lissis Nagelkauerei. Um 5 Uhr war es mir gerade gelungen, meinen Lauser wieder zu betten. Es herrschte eine angenehme, friedliche Stille im Haus. Ich wollte wieder ins Bett gehen, da hörte ich etwas pritscheln. Zunächst dachte ich, es wäre Lissi, die sich auf die Toilette geschlichen hatte. Im Bad lassen wir nachts immer ein Notlicht an. Als ich den Raum betrat, pritschelte es immer noch, aber es saß niemand auf dem Klo. Ich versuchte das Geräusch zu orten und stellte fest, dass es aus dem Dachgeschoss zu kommen schien und immer lauter wurde. Einer der irrsten Momente meines Lebens war der folgende, als mir – auf einen Schlag – aus allen Steckdosen Wasserfontänen entgegenspritzten und ich im Dunkeln stand. Es schoss, schoss und schoss. Und dann finden Sie mal in der absoluten Finsternis den Hauptwasserhahn Ihres Hauses. Unser Haus wurde 1969 erbaut und 2009 von uns komplett saniert. Neues Bad, überall Parkett und gesunder Lehmputz an den Wänden – aber leider keine neuen Leitungsrohre. Und jetzt? Ein tosender Wasserfall, der mittlerweile auch aus allen Steckdosen im Erdgeschoss und Keller brauste. Ich stand pudelnass vor dem Hahn, der sich – dank 40 Jahren Rost – keinen Millimeter bewegen ließ. Ich stolperte durch die Dunkelheit, auf der Suche nach meinem Handy. Ich weckte Georg und schrie panisch ins Handy: »Hier kommen Unmengen Wasser aus allen Steckdosen!« Er (verschlafen): »Wieso das denn?« Eins stand fest – Georg eignete sich überhaupt nicht als Telefonjoker.

Ich rief die Feuerwehr, die in dieser Nacht leider ausgelastet war, weil nicht nur unser Wasserrohr im Dachstuhl geplatzt war. In halb München war Land unter. Im Schneetreiben hechtete ich – im Pyjama – zu meinen Nachbarn. Ich läutete Sturm und siehe da, Gott hatte Nachsicht mit mir, und mein starker Nachbar kam sofort mit zum Tatort und drehte den Hahn ab. Wir standen im nachtdunklen Keller, knietief im Wasser und es tropfte von allen Seiten auf uns runter. Er – gelernter Elektriker – schaltete die Sicherung wieder ein, und ich sah das Ausmaß der Katastrophe. Das Wasser stand knöcheltief in allen Zimmern auf der Nordseite unseres Hauses, eine Tropfsteinhöhle war gemütlich dagegen. Unser Schlafzimmer, in dem beide Kinder nichtsahnend schlummerten, war der einzige Raum, der nicht betroffen war. So konnten wenigstens die Kinder in Ruhe weiterschlafen. Sie verpassten leider auch den achtköpfigen Feuerwehreinsatz, der nur

38 Minuten nach meinem Anruf stattfand. Was war ich froh, dass es bei uns nur gewässert und nicht gebrannt hatte.

Als alle das Aquarium verlassen hatten, schnappte ich mir Handtücher und Decken und versuchte die Böden trockenzulegen. Dank dem Lehmputz würden wenigstens keine Tapeten abfallen oder verschimmeln. Nein, der Lehmputz hatte das Wasser gierig aufgesaugt. Es roch bei uns wochenlang wie in einer Töpferwerkstatt.

Eine Trockenlegungsfirma musste her. Es dauerte einen halben Tag, bis der Leckorter das schuldige Rohr gefunden hatte. Ein nur 15 Zentimeter langer Riss hatte einen Schaden im sechsstelligen Bereich verursacht. Ein Installateur trennte die Wasserversorgung im Haus vom Dachgeschoss ab, sodass ich mit den Kindern wenigstens dort wohnen bleiben konnte. Hätte ich jedoch gewusst, was da auf mich zukam, hätte ich das Haus garantiert verlassen. In jedem Raum – bis auf das Schlafzimmer – wurden nun Ventilatoren und Entwässerungsmaschinen aufgestellt. Diese waren laut und gefährlich – vor allem für Charly. Er konnte ja gerade erst seit ein paar Wochen laufen und hielt sich mit großer Freude an den Ventilatoren fest. Seine dünnen Finger passten prima durch das Gitter und natürlich hatten die gewaltigen Maschinen eine magische Anziehungskraft auf den Wurm. Ich konnte ihn keine Sekunde aus den Augen lassen. Er besuchte ja noch keine Kita, das bedeutete für mich: 24 Stunden Alarmstufe Rot. Lissi hatte Glück, sie entkam wenigstens vormittags dem Inferno. An Arbeiten war für mich nicht mehr zu denken, außer ich hätte einen Horrorfilm schreiben wollen – was jetzt eher nicht so mein Genre ist. Ich war natürlich für das Entleeren der Wassertanks zuständig – die sich stündlich füllten. Tausend Liter Wasser müssen ja irgendwie entsorgt werden.

Nach sechs langen und ohrenbetäubenden Wochen verließen uns die Geräte, und der Maler zog bei uns ein. Er pinselte sich zwei Wochen lang von unten bis oben durch. Das Problem bei Lehmputz ist, dass man den Farbton nie identisch anmischen kann. Die Versicherung zahlte aber nur für die Wände, die auch tatsächlich nass geworden waren. Wir entschieden uns für eine neue Farbe und haben nun einen farbenfrohen Fleckerlteppich im Haus.

Der Maler und ich verstanden uns auf Anhieb gut. Er hatte meinen Humor. Aber die Tatsache, dass er von morgens bis abends bei uns zu Hause weilte, schmeckte Lissi offensichtlich gar nicht. Sobald sie aus dem Kindergarten zurück war, hielt sie die Fakten fest: »Du, mein Papa wohnt fei hier! Wann bist du fertig? Morgen kommst du nicht mehr, oder? Du, Mama, die Frisur vom Sascha find ich doof. Mama, kann der Papa nicht unser Haus streichen?« Nein, konnte er nicht! Er war ja noch in Köln. Lissi verteidigte Papas Revier heldenhaft – nicht, dass es da was zu verteidigen gegeben hätte. Aber es war zu niedlich.

Acht Wochen nach der Katastrophe war unser Haus wieder ein Zuhause und keine Baustelle mehr. Der Ausnahmezustand schien beendet. Der Frieden und der Mama-Alltag waren wieder eingezogen. Keine risikoreichen Gerätschaften, keine Malerplane und kein Feinstaub mehr. Endlich wieder essen können, ohne dass es zwischen den Zähnen knirschte! Es war wie im Himmel.

Ich hatte sogar wieder Zeit und Platz, um an einer fröhlichen Fernsehidee zu basteln: Natürlich ging es dabei um eine alleinerziehende Mutter, die trotz eines Wasserrohrbruchs einen beruflichen Neustart wuppen will. Der Fliesenleger erobert ihr Herz und das Vertrauen der Kinder und nach etlichen Rückschlägen geht es gemeinsam in eine rosarote Zukunft. Oder so ähnlich. So weit die Fiktion. Die Realität sah anders aus: Zufrieden stieg ich eines Morgens aus unserer Dusche und merkte nicht sofort, wie die Fliesen unter mir nachgaben. Das Wasser und die Trockengeräte hatten den Zement unter den Fliesen pulverisiert. Die Folge: Das komplette Bad musste neu verfliest werden! Drei Jahre nach einer Generalsanierung – völliger Irrsinn. Eine weitere Woche hatten wir eine Baustelle und überall war Dreck. Feinstaub, Feinstaub. Ich kam mit dem Putzen nicht mehr nach. Und Charly natürlich immer neugierig mittendrin. Er war begeistert über den wochenlangen Baustellentrubel und all die Männer mit den tollen Maschinen. Ich war innerlich kurz vorm Explodieren, aber wohin mit meiner Wut? Natürlich ließ ich meine Laune zum Teil an meinen Kindern aus. Ich bin auch nur ein Mensch und mein Nervenkostüm war damals so dünn wie Zahnseide. Nee, dünner!

Es war ein sonniger Tag Anfang Mai, als die Fliesenleger das Haus verließen. Ich freute mich auf den Sommer und beschloss, mit den Kindern noch auf den Spielplatz zu gehen. Wir freuten uns riesig auf Papa, der würde diese Woche auch endlich wieder heimkommen. Trotzdem hatte ich permanent das Gefühl, dass irgendwo gerade etwas schon wieder mächtig schieflief. Und als ich Charly in der Garderobe die Schuhe anzog, wusste ich auch, wo! An der Decke breitete sich – in kleinen Schritten – ein brauner Fleck aus, der abscheulich nach Stuhlgang roch. Ich weiß, was Sie jetzt denken. Die Frau ist Autorin, die erfindet das. Nein, kein Witz, der Scheiß hier ist wahr. Und Sie haben ja keine Ahnung, wie dankbar Lehmputz auch Abwasser aufsaugt und wie lange es dauert, bis man den Gestank wieder los ist. Natürlich ging das Abwasserrohr genau in der Höhe vom Bad kaputt und die Fliesen wurden erneut abgeschlagen. Wie soll frau unter diesen Umständen eine gute Hausfrau, eine witzige und motivierte Autorin und entspannte und liebevolle Mama bleiben?

Es wird wirklich Zeit, dass ich politisch aktiv werde. Sobald dieses Gesetz in Kraft tritt, wird alles gut – für alle Mamas, Rohre und Waschmaschinen der Welt!

§ 7 – Abschaffung der Trotzphase

Die aufrichtige Liebe einer Mama wird – wenn die Kinder zwei bis circa sechs Jahre alt sind – oft und hart unter Beschuss gestellt. Als Nichtmama empfand ich das Wort Trotzkopf als süß – jetzt tun sich bei mir allein beim Lesen des Wortes echte Abgründe auf. Natürlich entdecken Kinder in diesem Zeitraum, dass sie ein »ich« haben – dessen Meinung auch wichtig ist. Aber dieses »ich« ist halt nicht der Mittelpunkt der Welt. Und nicht alles, was »ich« will, ist richtig und gut für »ich«. So viel weiß Mama. Warum sollte »ich« sich an Regeln halten? Was ist daran verkehrt, die Autos im Ofen zu parken? Das ist doch die beste Garage der Welt, beheizt und mit Licht. Und warum darf »ich« nicht das Fenster im ersten Stock öffnen? Von dort sieht »ich« doch die vorbeifahrenden Autos viel besser. Und wieso darf »ich« nicht alleine über die Straße rennen, wenn der Ball weggerollt ist? »Ich« kann und weiß doch schon alles! Und warum darf »ich« jetzt nicht die ganze Tüte Gummibärchen essen – wo »ich« doch gerade so große Lust darauf habe? Und was bitte schön ist falsch daran, wenn »ich« Mamas Schuhe in den Abfalleimer aufräume?

Natürlich frustriert es »ich«, wenn Mama mal wieder zu doof ist und nicht kapiert, was »ich« will! Und wenn Mama so verbohrt ist und was verbietet oder wegnimmt, dann kann

»ich« schon mal richtig aus der Haut fahren. Entschuldigung, auch »ich« hat Rechte. Ganz klar, die Wut muss natürlich raus – egal, wie: Entweder landet »ich« auf dem Boden und schreit sich bis in die Bewusstlosigkeit, oder »ich« schmeißt einfach einen Schuh oder sonst was nach Mama. Strafe muss sein! »Ich« findet es bekloppt, dass Mama »ich« dann in »ichs« Zimmer sperrt. Und »ich« würde sich sicher extrem freuen – wenn »ich« wüsste, dass Mama deshalb auch kräftig Ärger mit Papa bekommen hat.

Die »ichs« haben definitiv bessere Nerven als wir Erwachsene. Sie kämpfen auch härter und länger für ihre Ziele. Millionen von »ichs« triezen täglich ihre Mamas. Da kann Mama schon mal impulsiv werden oder sich weichkochen lassen. Zum Beispiel: Ich muss mal wieder schnell eine Dahoam-Geschichte lesen, die die Autoren unbedingt noch am selben Tag von mir als gut befunden haben wollen. Ich versuche, konzentriert der Geschichte zu folgen.

Charly: »Mama, darf ich Gummibärchen?« Ich: »Nein. Zuerst isst du bitte die Erdbeeren.« Ich lese weiter. Mist, wo wurde ich noch mal abgelenkt? Ach ja, da. Charly: »Ich will aber keine Erdbeeren, ich will Gummibärchen.« Ich: »Hast du mich nicht verstanden? Du kannst zwei Gummibärchen haben, wenn du die Beeren gegessen hast. Sie stehen auf dem Tisch.« Also nochmal zum Text. Vroni und Bamberger wollen zu einer Bergtour aufbrechen ... Charly: »Wenn ich keine Gummibärchen krieg, dann bist du nicht mehr mein Freund!« Da platzt mir der Kragen, ich brauch doch eigentlich nur zehn Minuten Ruhe, um diese Geschichte zu lesen und mein Feedback dazu zu geben. Ich (genervt): »Na gut. Dann nimm dir vier Gummibärchen und dann lass die Mama bitte in Ruhe!« Charly (zufrieden): »Okay.«

Um alle diese Kämpfe, Säbelrasseln und Streits zu vermeiden, verbiete ich hiermit weltweit die Trotzphase! Abschließend zum Thema Mütterrechte stelle ich fest – wir Mamas sind schutzlos! Falls Sie mal Zeit und Lust haben, dann googeln Sie doch mal nach Mutterrecht. Überraschenderweise ist der zweite Vorschlag von Google dazu www.vaternotruf.de, Noch Fragen?

Mama weiß einfach alles – Mama ist unfehlbar!

Wieso weiß Mama eigentlich immer alles? Sie weiß, dass man auf der Rückbank popelt, obwohl sie sich nicht umgedreht hat! Sie weiß auch, wenn man sich nicht die Hände gewaschen oder keine Zähne geputzt hat. Leider erwischt sie einen immer, wenn man ein bisschen geschwindelt oder heimlich Süßigkeiten stibitzt hat. Mamas sind gespenstisch, sie sind wie Hellseherinnen! Mamas hören, riechen und sehen einfach alles – das ist wichtig für ihren Überlebensinstinkt. Und Mamas waren halt selber mal Kinder und wurden beim Lügen erwischt.

Bei Lissi hat es Zeiten gegeben, da hat sie mir alles geglaubt. Ich konnte den größten Schwachsinn erzählen, sie hat es geglaubt! In ihren Augen war ich ein Star. Mama konnte die Ampel grün, den Löffel aus ihren Ohren und ihren Daumen wegzaubern. Sie kannte das Christkind und den Nikolaus. Mama hatte auf jede Frage eine Antwort, auch wenn es nur eine Ausrede war. »Mama, wieso frieren Autoscheiben eigentlich zu?« Ich: »Lissi, ich koche gerade. Frag mal den Papa!« Mit dem Schuleintritt bröckelte meine Fassade. Die Fragen wurden konkreter und jede schwammige Antwort wurde hinterfragt. In der ersten Klasse war ich den Matheaufgaben noch gewachsen. In der zweiten Klasse stieg ich bereits aus. Lissi weiß jetzt, dass ich in Mathe eine Niete bin! Woche für Woche kratzt sie an dem Lack, der bis jetzt meine Unwissenheit versteckt hat. Alles Schöne hat ein Ende. Aber ich kann ja noch mindestens zwei Jahre für Charly zaubern.

Als ich noch keine Mama war, war ich sportlich, witzig, zuverlässig, entspannt, schlagfertig, engagiert und vielseitig interessiert. Ich war sehr geschickt im Organisieren von Einladungen, Partys, Ausflügen und Urlauben. Ich war eine einfühlsame und verständnisvolle Partnerin, Freundin, Tochter und Schwester. Für all das fehlt mir jetzt die Zeit – sogar fürs Pünktlichsein. Ob ich eine talentierte Mutter bin? Keine Ahnung. Fragen Sie mal meine Kinder. Oder meinen Mann.

Übersorgen!

Zähne bringen ein Leben lang nur Verdruss! Kennen Sie das auch? Bei Charly waren die Zähne einfach irgendwann da. Lissi brachte sie alle einzeln auf die Welt. Sie hatte rote Backen und einen offenen Hintern. Pavianärsche sahen dagegen lecker aus. Nachts war sie unruhig, und keine Bernsteinketten und keine Globuli der Welt brachten Linderung. Wenn sie dann endlich alle da sind, hat man die täglichen Zahnputzdiskussionen. Später fallen sie aus, und man wartet auf die neuen. Das Beste daran ist die Zahnfee, die tolle Geschenke bringt. Blöd nur, wenn ein Zahn samstags zu wackeln anfängt, sonntags vom Kind selbst gezogen wird und der geheime Geschenkekorb im Keller gerade leer ist. Was tun? Ich »leihe« mir geschickt bei der Nachbarin ein Spielzeug für nur 24 Stunden aus und denke, Mama, du bist wirklich raffiniert. Leider kommt die Nachbarstochter am Montagnachmittag zum Spielen vorbei und erkennt ihr Hab und Gut. Das Geschrei ist groß und der Mythos der Zahnfee wird sofort hinterfragt. Notiz an mich: Der Geschenkekorb sollte nie mehr leer sein!

Dann kommt die Zahnspange, es folgt Karies, und das ist der Anfang einer langen Leidenszeit. Bis man dann irgendwann bei den Dritten endet. Die dann hoffentlich gut sitzen, denn so ein unkontrolliertes Klacken beim Reden ist weniger sexy. Da Georg und ich – was gesunde Zähne betrifft – beide schlechte Erbanlagen haben, putze ich meinen Kindern wie bekloppt die Zähne. Gerne auch viermal am Tag. Deshalb lebte ich auch jahrelang in einer kariesfreien Zone. Karies bei Kleinkindern, das verband ich automatisch mit asozialen Familienverhältnissen: Vater Schläger, Mutter Alkoholikerin, die armen Kinder verwahrlost und Kariesopfer!

Lissis Zähne waren immer blitzeblank und stabil, obwohl sie bis zu ihrem fünften Lebensjahr aus der Flasche trank, Fruchtsäfte genießt und sich natürlich auch – ab und an – Süßigkeiten zwischen ihre Kauleisten verlaufen. Es gab eigentlich nur ein Mysterium, was ihre Zähne betraf. Als sie circa drei war, hatten wir zwei Mädels mal wieder sturmfrei, und es war ein ruhiger, entspannter Nachmittag. Kein Unfall, keine Tränen – nur spielen! Auch beim Abendessen fiel mir nichts Besonderes auf. Wir absolvierten unser Abendritual und dann ging es – wie immer – ans Zähneputzen! Als die kleine Maus ihren Mund aufsperrte, damit sich Mama darin austoben konnte, fiel diese vor Schreck fast tot um. Eine Panikattacke durchflutete meinen Körper. Ich bekam kaum noch Luft – Lissi fehlte ein halber Frontzahn. Abgebrochen. Aber wann? Und wo? Ich ließ mir nichts anmerken, weil ich Lissi nicht beunruhigen wollte. Kaum war die Kleine im Bett, wischte ich unser komplettes Haus feucht durch. Nichts. Natürlich durchsuchte ich am nächsten Tag ihren Stuhl. Auch nichts. Der Rest des Zahns blieb für immer verschollen! Gott sei Dank war es nur ein Milchzahn. Seit sie fünf ist, gehen wir alle vier Monate zu einer professionellen Zahnreinigung. Mittlerweile hat sie ja schon einen Teil der zweiten.

Charlys Gebiss blitzte auch immer weiß und sauber. Er trank nachts ebenfalls eine Flasche und sicher genoss er – schon viel früher als Lissi (einer der vielen Vorteile eines Zweitgeborenen) – Schleckereien. Alles wie bei Lissi. Trotzdem sollte ich mein braunes Wunder erleben! Es war im Herbst 2013, als Charlys Backenzähne versuchten durchzubrechen. Wir konnten schon lange 16 weiße Spitzen bewundern, aber die Kauflächen waren noch vom Zahnfleisch bedeckt. Erst im Frühjahr 2014 schafften es die Hauer, sich freizulegen. Mir fiel die Zahnbürste aus der Hand, als ich sah, dass ich Flecken polierte. Karius und Baktus hatten die letzten Monate genutzt und in geheimer Mission an Charlys Beißerchen genagt. Ich sah im wahrsten Sinne des Wortes – schwarz! Und wie es im Leben halt mal so ist – erst im Notfall erkennt man, ob ein Kinderzahnarzt auch wirklich mit Kindern kann oder eben nicht. Unsere Ärztin, die in meinen Augen bei Lissi immer gute Dienste geleistet hatte – nämlich keine, weil gesund –, versagte auf ganzer Linie.

Der kleine Charly – gerade drei Jahre alt geworden – legte sich zunächst ganz brav auf den Behandlungsstuhl. Er öffnete tapfer seinen Mund, weil er von dem prima Disneyfilm, der über ihm an der Decke flimmerte, total abgelenkt wurde. Eine Ärztin, die sich mit Kleinkindern auskennt (das weiß ich heute), hätte jetzt Folgendes gemacht: Sie hätte meinem Sohn erst mal erklärt, dass sie jetzt in seinem Mund etwas Wind macht. Sie hätte mit ihrem Puster auf seinen Handrücken pfeifen können und er hätte sich dann vielleicht weniger erschreckt! Aber nein. Charly erschrak so sehr, als Frau Doktor – mit der nasskalten Luft – direkt auf seine Karieskrater schoss, dass er aufschreckte und herumwirbelte. Dabei traf er leider mit seinem Arm ihren Kopf. Ihre Brille fiel zu Boden und zersprang in tausend Teile. Und wie reagiert Frau Zahn? Sie brüllt den kleinen Knopf an, er habe gefälligst stillzuhalten! Ihr Blick zu mir sagte deutlich: »Was für ein unerzogenes Kind haben Sie denn da?« Mir war nach ihrer Reaktion sofort bewusst, dass dies unser letzter Besuch in ihrer Praxis gewesen war. Ich hielt den völlig verstörten Charly tröstend in meinen Armen, während Frau Doktor mir Details über die OP infiltrierte. Ich hörte nur Vollnarkose, Atmung setzt aus und wird künstlich weitergeführt und etwas von Risiko, blablabla. Wie konnte jemand Studiertes davon ausgehen, dass ich ihm – nach diesem Ausraster – jemals mein betäubtes Kind anvertrauen würde? Ich war ehrlich schockiert und holte natürlich andere Meinungen ein.

Für mich war es undenkbar – gerade nach Lucies Geburt – bei meinem eigentlich gesunden Kind die Atmung abzuschalten. Eine Vollnarkose hätte mir eingeleuchtet, hätte Charly einen Herz- oder Hüftschaden diagnostiziert bekommen – aber wegen Karies? Bei der neuen Ärztin wurde ich Zeugin, wie unproblematisch sich mein Kind – auch ohne Disneyfilm – untersuchen ließ. Zuerst erklärte sie Charly alles bis ins kleinste Detail. Dann durfte er selber alle Knöpfe drücken, und Frau Doktor konnte sich völlig entspannt – inklusive Pusten – die Bescherung angucken. Es folgten Röntgenaufnahmen, und sie forcierte ein schnelles Handeln, da der Karies sich schon ziemlich tief eingefressen hatte.

Als ich ihr von meiner Vorgeschichte und meiner Angst vor der Narkose erzählte, versprach sie, den Eingriff zuerst nur unter dem Einfluss von einem Narkosesaft, der schläfrig macht, durchzuführen. Sie gab mir aber auch die Telefonnummer der Anästhesistin. Nur für den Fall, dass, wenn Charly trotzdem zu unruhig für die OP wäre, die Behandlung abgeschlossen werden könnte, nur eben doch unter Vollnarkose. Ich bekam ein Blatt über alle Risiken der Vollnarkose mit, welches ich ungelesen unterschrieb. Man sagte mir, Charly würde ein Stamperl Schlafmittel trinken, das ihn wie besoffen machen würde. Dass er nicht mehr stehen, sitzen oder sprechen können würde und spätestens nach nur 10 Minuten völlig ruhig schlummern würde. Natürlich rief ich die Narkosefrau an, und die Tatsache, dass sie selbst Mutter und noch dazu eine alte Schulkollegin meiner Schwester war, beruhigte mich immens.

Trotzdem fühlte ich mich in den zwei Wochen bis zur OP schlecht. Nein, grauenvoll! Ich fühlte mich wie eine Verräterin. Ich musste mal wieder erleben, dass ich mein Kind nicht immer beschützen konnte. Schlimmer, ich musste meinen Sohn bewusst einem Risiko aussetzen und Charly ahnte nichts. Ich lief innerlich Amok, tat vor meinem Sohn aber so, als ob alles gut sei. Ich musste die Verantwortung für sein Wohl in fremde Hände übergeben, ob ich wollte oder nicht. Und mein Vertrauen in Ärzte ist so groß wie eine Erbse, was meine Kinder betrifft.

Habe ich schon erwähnt, dass Georg damals wieder irgendwo zum Drehen war? Der ganze Horror blieb mal wieder an mir hängen. Dank meiner Autorenfantasie und dem, was ich schon alles über Nebenwirkungen und Risiken recherchiert und gelesen hatte (die schlimmsten Ereignisse sind für Serien ja immer das Schönste), spulte sich jede Nacht in meinem Kopf ein neuer Horrorfilm ab. Und es wurde – nach Lucies Geburt – der zweitschlimmste Tag meines Lebens. Natürlich gab es in dieser Nacht keine Flasche mehr. Auch kein Frühstück – weil nüchtern! Dafür war Charly wirklich extrem gut gelaunt – weil der Termin erst um 11:30 Uhr stattfand. Man darf auf keinen Fall selber Auto fahren, denn auf der Heimfahrt kann es unter anderem passieren, dass das Kind sich übergibt und man dann nicht reagieren kann. Charly war stolz wie Oskar, weil er das erste Mal Taxi fahren durfte. Meine Mutter versprach mir, uns nachmittags abzuholen.

Als ich an diesem Tag – es war ein Mittwoch – die Praxis betrat, saßen da nur Väter im Wartezimmer. Im Nachhinein weiß ich auch, wieso. Keine liebende Mutter hält das aus. Väter gehen sicher pragmatischer an so ein Erlebnis. Ein Vater hatte seine circa sechsjährige Tochter auf dem Schoß, deren Augen geschlossen waren und die Unverständliches vor sich hinlallte, nach nur zwei Minuten friedlich schlief und ins Behandlungszimmer gebracht wurde. So weit, so gut. Damit hätte ich leben können. Für einen kurzen Moment war ich beruhigter. Die Anästhesistin entschied, Charly eine höhere Saftdosis zu verpassen als üblich, um auf Nummer sicher zu gehen. Charly schlabberte brav den Becher leer. Anstatt sich auf meinen Schoß zu setzen, wollte er lieber mit den Autos im Wartezimmer spielen. Ich stand dicht bei ihm, denn der Schlaftrunk sollte ja schlagartig wirken und er dann sein Gleichgewicht verlieren. Aber trotz der doppelten Menge spielte Charly auch noch 20 Minuten später mit den PKWs. Er schwankte ein wenig, sprach aber immer noch – zur echten Verwunderung der Ärztinnen – klar und deutlich. Sie verabreichten ihm noch ein paar Schlucke zusätzlich, die Charly dann doch den Boden unter den Füßen wegzogen. Da lag mein kleiner Lauser in meinen Armen und sah mich mit scharfem Blick an. Kein Lallen, sondern völlig klare Worte: »Mama, warum kann ich nicht mehr stehen?«

Der Blick, den die Doktoren wechselten, sagte mehr als tausend Worte. In dieser Sekunde war klar, dass wir seine Atmung aussetzen würden müssen, und ich verlor meine Haltung und fing hemmungslos zu weinen an. Charly blickte mich völlig verwundert an: »Warum weinst du?«, fragte er mit zittriger Stimme. Ich hielt ihn fest in meinen Armen, gab ihm ein Bussi und folgte den zwei Damen. Als er den Behandlungsstuhl und die vielen fremden Geräte im Raum sah, schaute er mich an und flüsterte bittend: »Ich will da nicht hin!« Dann wurde ihm die Gasmaske auf die Nase gedrückt und ich fühlte, wie sein kleiner Körper ganz schlaff wurde. »Ich lieb dich, Mama«, war das Letzte, was er hauchte, bevor sich seine Augen verdrehten und er plötzlich nicht mehr anwesend war. »Ich dich auch, Spatz. Ich dich auch.« Ich legte den völlig reglosen Körper auf die Pritsche, setzte mich ins Wartezimmer und weinte.

Ich hatte zwar schon mein totes Baby im Arm gehalten, aber es war eben schon tot gewesen. Zu spüren, wie die Lebensenergie aus dem eigenen Kind – gegen seinen Willen – wich, das war zu viel. Es ist für mich unvorstellbar, wie hilflos und verloren sich Eltern fühlen müssen, deren Kind den Kampf gegen eine schlimme Krankheit verliert. Die täglich wehrlos zusehen müssen, wie die Kräfte schwinden.

Mal wieder wurde mir bitter bewusst, dass das Leben meiner Kinder nicht nur in meinen Händen lag, sondern wirklich nur an einem seidenen Faden hing. Obwohl ich hundertdreißigprozentig – ab Tag eins – wie eine Verrückte die Zähne geschrubbt habe, hat die Natur – völlig unbeeindruckt – ihren eigenen Weg eingeschlagen. Ich sollte es als Zeichen sehen und mich vielleicht mal lockermachen, aber irgendwie kann ich nicht aus meiner Haut. Frei nach dem Motto »Man weiß die guten Zeiten ja gar nicht zu schätzen, wenn nicht mal schlechte dazwischenkommen«, machte mir dieser Tag mal wieder deutlich, was für ein Geschenk doch gesunde Kinder sind. Egal, ob Karies oder nicht. Und Charly? Konnte sich am Ende natürlich an nichts erinnern …

Die Schlacht um Betreuungsplätze

In einer Fernsehserie kommen immer wieder Kinder auf die Welt, weil komplizierte Schwangerschaften schön viel Drama für uns Autoren zum Erzählen bieten. Die Geburt passiert meist im Off, und danach sind Mutter und Kind wohlauf – außer es folgen Dramen wie plötzlicher Kindstod oder Schwangerschaftsdepression. Später sieht man die Babys meist nur noch als Insert. Inserts sind Mogelbilder. Das heißt, Schauspieler XY schaut in einen leeren Kinderwagen oder Laufstall und der Zuschauer sieht trotzdem ein Bild von einem strahlenden, weinenden oder schlafenden Baby – je nachdem, wie es das Drehbuch verlangt. Diese Inserts werden vorproduziert, weil Kinder und Tiere für jede Fernsehproduktion der blanke Horror sind. Kinder dürfen nur zeitlich beschränkt drehen. Deshalb ist es ein Sechser im Lotto, wenn man eine Rolle mit Zwillingen besetzen kann. Das bedeutet: doppelte Drehzeit, doppelte Anzahl der Kinderszenen – weniger Inserts. Sobald die Babys laufen können, funktionieren Inserts leider nicht mehr. Dann verschwinden die Fernsehkinder schnell in einer Ganztagskita oder bei der Oma im Nachbarort, damit man sie geschichtlich nicht immer erzählen muss und die Mamas wieder ihrem normalen Alltag nachgehen können. So funktioniert es im Fernsehen! Aber wie sieht es in der Realität aus? Wo stecken wir Mamas unsere Kinder hin, wenn wir wieder arbeiten wollen?

In München ist es so: Am besten geht man schon nichtschwanger zu allen Kita- und Kindergarten-Schnupperveranstaltungen, damit die Leiterinnen schon mal ein Gesicht vor Augen haben für den Fall, dass es irgendwann mal ernst wird. Natürlich gibt man sich überaus interessiert und erwähnt ganz nebenbei, wie gut man dekorieren, kochen und putzen kann und wie sehr einem das pädagogische Konzept des Hauses gefällt. Aber nicht zu aufdringlich. Spätestens ab dem positiven Schwangerschaftstest steht man auf diversen Wartelisten und hofft, das richtige Geschlecht auf die Welt zu bringen, wenn mal wieder ein Jungen- oder Mädchenüberhang im Jahrgang vorherrscht.

Eigentlich bin ich kein Freund der Schleimerei! Aber für das perfekte Zweitzuhause meiner Kinder backe ich für den ersten Schnuppertag einen Kuchen – und das, obwohl ich es problemlos schaffe, dass trotz genauem Befolgen der Anleitung ein Fertigkuchen nicht aufgeht oder steinhart wird. Diese Tage der offenen Tür sind frustrierend. Es ist ein bisschen wie auf dem Arbeitsamt. Man zieht eine Nummer, wartet Stunden und hat dann – im Idealfall – ganze fünf Minuten Zeit, um einen Eindruck zu hinterlassen. Dieser hängt natürlich ganz davon ab, wie quengelig der Zwerg dann schon ist und ob die Chemie mit jener der Gesprächspartnerin übereinstimmt. Die katholischen Einrichtungen fallen schon im Vorfeld aus, falls man aus der Kirche ausgetreten oder der Spross nicht getauft ist. Ich stellte mich gefühlt bei ALLEN Kindertageseinrichtungen unseres Stadtteils vor. So müssen sich Schauspieler bei einem Casting fühlen: Es geht um alles oder nichts. Das Schlimme daran ist nur – Mamas Auftritt entscheidet über den täglichen Verbleib des Kindes. Diese Gespräche sind ätzender als Vorstellungsgespräche. Jede Mama versucht, sich sympathisch, unproblematisch und engagiert zu präsentieren, weil die Betreuungsplätze für Kinder so knapp sind. Fragen Sie bitte nicht, wieso, aber meine Schauspieleinlage war tatsächlich erfolgreich: Lissi besuchte mit nur eineinhalb Jahren die tollste Elterninitiative unseres Stadtviertels. Vielleicht hat mein steinharter Kuchen ja doch gut geschmeckt?

Von: Daniela Oefelein
An: Susanne Waack
19.10.2008 19:32

Hey Süße, du wirst es nicht glauben – wir haben einen Kitaplatz! Wir sind jetzt Teil einer Elterninitiative und ich dem Arbeitsleben einen großen Schritt näher! Die Eingewöhnung von Lissi läuft überraschend ereignislos. So weit, so gut. Dass eine Ini mir aber zusätzlich noch mehr Arbeit auftischt, ist schon eine bittere Pille! Aber, was soll's, ich hab es nicht anders gewollt. Wir hatten gestern unseren ersten Elternabend, und ich habe gleich die absolute A...karte gezogen. Bei der Ämtervergabe habe ich zunächst äußerst erfolgreich – durch professionelles Auf-den-Boden-Starren – das Hausmeister-, das Finanzvorstands- und das Cateringamt umschifft, um dann das Putzamt aufs Auge gedrückt zu bekommen! Und obwohl ich so tat, als ob ich es gar nicht wert wäre, so ein tolles Amt bekleiden zu dürfen, hielt der Organisationsvorstand beharrlich an seiner Entscheidung fest. Dieser Kerl nervt mich jetzt schon. Aaaarghh! Das ist so ein Klugscheißer, der hat sicher seiner Frau auch zehn Monate lang erklärt, wie es sich anfühlt, schwanger zu sein! Hallo?? Ich werde doch schon bei uns zu Hause kaum den Staubflusen Herr. Natürlich freue ich mich, dass Lissi eine Kita mit Garten samt Sandkasten besuchen kann. Nur sehe ich das seit gestern

Abend mit anderen Augen: Der Sand steckt wirklich in jeder Ritze, und ich bin jetzt dafür verantwortlich, ihn zu entsorgen! Mit dem Gruß der Hausfrauen:

Uuuuuaaah!
Daniela

P. S.: Als ich Georg vor vier Tagen das letzte Mal sah, nannte er mich »Mötzel«. Und das sagt er eigentlich nur, wenn er mein Verhalten rügt oder mir einen Vorwurf machen will! Ich fühle mich momentan aber völlig unschuldig.

Lissi liebte »die Klötzchen« – so hieß der neue Klotz an meinem Bein. Auf der einen Seite war ich froh, denn diese Einrichtung hatte nur 15 Kinder und trotzdem vier Betreuer. Alles absolute Perlen, denen die Arbeit mit so vielen Kindern wirklich Spaß machte. Auf der anderen Seite lernte ich nun das Elternini-Einmaleins. Wissen Sie, wovon ich spreche? Nein? Aufgepasst! Elternini-Einmaleins: Ein Fünf-Tage-Platz = 17 Kocheinsätze für 19 Personen (natürlich Bio, gerne Fleisch) + das Putzamt!

Dank der regelmäßigen Elternabende trifft man auch die anderen Erzeuger und dadurch klären sich auch die vielen Fragen – besonders die zu den unerzogenen Mitinsassen meiner Tochter – ganz von alleine. Wie der Vater, so der Sohn – mehr sag ich nicht!

Fest steht, ich hatte mit der Eingewöhnung die größten Probleme. Die Tatsache, dass mein erstes Baby jeden Morgen glücklich in einem mir völlig fremden Raum verschwand, versetzte mir einen Dolchstoß. Der erste Tag war am schlimmsten. Am liebsten hätte ich Lissi nachgeschrien: »Komm mit,

Mäuschen, du kannst Mama nicht alleine lassen!«, aber das wäre nicht sehr förderlich für meine – eigentlich recht souveräne – Außenwirkung gewesen. Der erste Vormittag allein war das absolute Inferno. Ich wollte mir im Kaufhof ein T-Shirt kaufen, da drehte ich mich um – Lissi war weg. Ich schaute in jede Richtung – nirgendwo ein Kind zu sehen. In Luft aufgelöst. Meine Atmung setzte aus. Ein Adrenalinkick folgte dem anderen. Ich schrie die Frau neben mir an, sie solle bitte den Aufzug checken und, falls dort ein zweijähriges Mädchen alleine stünde, es aufhalten. Ich kümmerte mich um die Gefahrenzone Rolltreppe! Als ich dort ankam, schaltete sich mein Gehirn wieder ein, das mich daran erinnerte, dass Lissi jetzt ein Kitakind und gar nicht mehr bei mir war. Ich verließ das Kaufhaus unauffällig durch den Seitenausgang.

Daheim angekommen, testete ich diverse Male, ob unser Festnetztelefon auch wirklich angeschlossen war, und hatte ein extrem schlechtes Gewissen, einfach mal nichts zu tun. Ich begann sogar, die Lebensmittel in meiner Vorratskammer nach dem Alphabet zu ordnen. Nach schier endlosen zwei Stunden wurde ich komplett von der Tatsache überrascht, eine unverletzte und fröhliche Lissi in meine Arme zu schließen. Am zweiten Vormittag, an dem Lissi allein in der Kita bleiben konnte, kaufte ich mir endlich neue Klamotten für die Arbeit, und die 120 Minuten vergingen wie im Flug. Lissi war erneut wonnetrunken und unversehrt. Am dritten Tag gönnte ich mir vier Kapitel vom neuen Mo-Hayder-Roman und gruselte mich entspannt, trank dazu diverse Cappuccinos und war völlig relaxed. Herrlich! Ja, dieser Vormittag war fast wie ein Urlaubstag. An diesem Abend hörte ich damit auf, Georg mit meinem Gejammer zu nerven, dass bis drei Tage zuvor doch alles noch viel, viel besser gewesen sei.

Susanne Waack
An: Daniela Oefelein
19.10.2008 20:34

Mein liebes Mötzel (bitte entschuldige, dass mir Georgs Kosename für dich einfach so gut gefällt, dass ich ihn – inspiriert von deiner Mail – hier gleich mal einsetzen muss!!), die letzten Monate ist dir die Decke auf den Kopf gefallen. Jetzt freue dich, dass du vormittags wieder in Ruhe arbeiten kannst. Außerdem übertreibst du mal wieder maßlos! Du tust ja gerade so, als müsstest du putzen! Herrgott, du musst doch nur die Liste dazu updaten. Wenn dich so ein kleines Ämtchen wirklich völlig aus deinem Arbeitsalltag reißt, dann setze Lissi jetzt schon mal auf die Wartelisten der städtischen Kindergärten. Da musst du dich dann nicht einbringen, aber es ist dort halt auch lang nicht so familiär! Große Gruppen, mehr Gruppen, Hortkinder, dafür weniger Betreuer. Ich wollte es für Max kuschliger, egal, um welchen Preis. Alles hat eben Vor- und Nachteile. Ich bin übrigens nächste Woche auf der Brautmodenmesse in München. Darf ich für drei Tage euer Gästezimmer besetzen? Ich bringe Prosecco mit und wir stoßen auf »Herzlich willkommen zurück im Arbeitsleben« an!
Euch ein schönes Wochenende!

P. S.: Hör auf, von dir und deinen Kindern in Personalunion zu reden! Von wegen: »Wir haben einen Kitaplatz!« Lissi hat einen Platz und du das Putzamt.
P. P. S.: Hehe, ein unpassenderes Amt hätte dir der Volltrottel wirklich nicht verpassen können!

Problemzonen des Haushalts

Ein Mann, zwei Kinder, eine Katze und ich. Das ist unser Haushalt. Des Weiteren gehört dazu alles, was noch so in unserem Haus wohnt. Klamotten, Wäsche, Essen, Spielzeug, Geschirr, Möbel, Spinnen. Der Garten ist extra. Dank Geburtstagen, Weihnachten und Ostern hört die Wachstumsrate dieser Kleinteile nie auf! Und jedes Trum zieht natürlich magisch Staub an.

Bei einer Serienproduktion hält die Requisite die diversen Drehsets sauber und ordentlich, so wie es eben die nächste Szene – vom Anschluss her – verlangt. Fest steht: Die Familie hat mir meine Freiheit genommen – aber leider nicht die Hausarbeit. Und meine Haushaltskünste sind definitiv ausbaufähig! Leider trage ich bei mir zu Hause – für alle Gegenstände – die alleinige Verantwortung. Das ist ein Gesetz, das über meinen Kopf hinweg irgendwie einstimmig beschlossen wurde. Ich sorge für Recht und Ordnung – ich bin der Haushaltssheriff. Aber wie soll das bitteschön neben meiner Arbeit und dem Mamadasein noch hundertprozentig klappen?

Legen wir die Tatsachen doch mal auf den Tisch: An den kinderfreien Vormittagen arbeite ich. Also fällt das Thema Haushalt auf die Nachmittage. Da wartet dann noch die Schul- und Hobbyproblematik. Putzen Sie mal gründlich das Bad, während Sie Ihrer Tochter HSU-Wissen näherbringen und Ihren Kleinen davon abhalten, dass er in der Küche Kekse stibitzt. Eine perfekte Mama bräuchte definitiv sechs

Arme und drei Köpfe, um all das wuppen zu können. Meinen Wocheneinkauf versuche ich entweder während Lissis Reitstunde oder auf dem Nachhauseweg von meiner Arbeit zu erledigen. Wer will schon mit zwei Kindern einkaufen gehen? So verrückt ist doch niemand! Die Tochter will Kaugummis, der Sohn fordert Schokolinsen, das Geschrei ist groß und am Ende ist der Einkaufswagen zwar voll – aber leider nicht mit den Produkten, die auf dem Einkaufszettel standen. Und was ist, wenn die Sitzung mal länger gedauert hat? Die Geschäfte schon zu sind und die Kinder trotzdem hungrig warten? Ich sag nur: Es leben der Pizzalieferservice, der Grieche to go und mein Gefrierschrank! Der platzt zwar aus allen Nähten, aber meine Kinder müssen nie hungern. Dafür ist gesorgt – komme, was wolle. Ich bin gerüstet für Dauerregen, Hurrikans und den Dritten Weltkrieg. Wenn es hart auf hart kommt, dann muss ich das Haus nicht verlassen. Essenstechnisch bin ich für mindestens zwei Wochen autark. Wir haben immer Kartoffelpuffer, Bratwürste, Pizza und Käsespätzle am Start. Leider schmeiße ich regelmäßig Unmengen an Eingefrorenem weg, weil keine Katastrophen eingetreten sind und das Essen nicht mehr gut ist. Mal unter uns, das Thema Tiefkühlschrank ist Georgs und mein größter Streitpunkt. Wegen der ollen Gefriertruhe kriegen wir uns immer wieder in die Haare. Dagegen ist unsere gemeinsame Kindererziehung das reinste Wellnessprogramm.

Da ich ja auch noch an drei Nachmittagen arbeite, bleibt kaum noch Zeit für den Haushalt und das Putzen. Zudem bin ich eine praktizierende Anhängerin folgender Glaubensrichtung: Für jeden Hausputz braucht es einen triftigen Grund. Ich nehme Staubsauger und Wischmob erst dann in die Hand, wenn sich der Einsatz lohnt – damit ich auch wirklich das volle »Vorher-nachher-Erlebnis« habe. Sie wollen wissen, was so ein Grund sein kann? Als ich neulich versuchte, unterm Sofa ein Spielzeugauto rauszufischen, klebte ein schimmliges Bananenende an meinem Shirt. Das war so ein Moment. Das war ekelig. Ich wurde aktiv. Ich startete den Frühjahrsputz, mitten im Winter. Und wissen Sie, so ein Frühjahrsputz hat etwas sehr Befreiendes. Da ich mit der Aktion sehr spontan begann, hatte ich keine Zeit, über mein Handeln nachzudenken. Und als ich im Keller ankam, um das Putzzeug zu holen, sah ich mal wieder rot!

Der Keller – ein Fass ohne Boden!

In unserem Keller gibt es zwei Räume. Wie schon erwähnt, leben in dem einen Frau Waschmaschine, Herr Trockner und Berge von Schmutzwäsche. Sozusagen die Protagonisten der unendlichen Geschichte – die keiner zu Hause sehen will! Beim Film und Fernsehen gibt es dafür extra das Department Kostüm. Die Mädels dort kümmern sich darum, dass die Schauspieler immer das Richtige anhaben und es im Film keine Anschlussfehler gibt. Sie waschen und bügeln auch – das ist ihr Job! Bei mir zu Hause, da bin nur ich. Und meine Klamottenproblematik zieht sich leider auch in das zweite Zimmer hinüber. Ich kann voller Stolz berichten, dass meine Kinder die absolut coolen Klamotten meiner Nichte und meines Neffen aus London auftragen. Meine Kinder fallen auf, weil sie nur selten Tchibo- und Aldi-Textilien präsentieren. Was irre von Vorteil ist, wenn man sein Kind zum Beispiel auf dem Schulhof sucht. Das Problem ist nur: Meine

Nichte ist dreieinhalb Jahre älter als Lissi. Mein Neffe ist vier Jahre größer als Charly. Auch ich, mit meiner Matheschwäche, komme da auf eine Anziehansammlung von ganzen siebeneinhalb Jahren, die eben in diesem zweiten Raum lagert. Mäntel, Skihosen, Jacken, Ski und Schuhe. Sie können sich sicher vorstellen, wie viele Quadratmeter das ganze Zeug auffrisst. Dort befindet sich übrigens auch die komplette Dekoration für Frühling, Ostern, Pfingsten, Herbst, Halloween, Advent und Weihnachten. Sowie die Ski-, Schlittschuh- und Rollbladeausrüstung einer vierköpfigen Familie. Nicht zu vergessen, Lissis hölzernes Voltigierpferd.

Durch dieses Zimmer kann man eigentlich nur hüpfen oder stolpern. Ich bekam einen totalen Rappel und beschloss, noch schnell vor dem Frühjahrsputz den Keller zu entrümpeln! Und da wurde ich dann doch wieder sentimental: Natürlich trenne ich mich nie von meinen 300 CDs. Da könnte ich ja genauso gut meine Seele auf Ebay verkaufen. Mir würde ja ein Zeitfenster von gut 300 Stunden reichen, damit ich die alle mal digitalisieren könnte – natürlich sehr unrealistisch für eine arbeitende Mama. Und die Briefe und Postkarten, die mir Susi und meine Schwester schrieben, als es noch keine E-Mails gab, sind doch noch lange kein Altpapier. Hatte ich erwähnt, dass dieser zweite Raum nur 18 m² groß ist?

Am Schluss landeten eine alte Lampe und ein oller Bilderrahmen in der Tüte für den Wertstoffhof. Wenigstens zwei Trümmer war ich los! Kennen Sie den Moment, wenn man erkennt, eine falsche Entscheidung getroffen zu haben? Leider fand ich erst am Abend heraus, dass die Lampe einem befreundeten Beleuchter von Georg gehörte, die der sich ausgeliehen hatte. Zudem war der Rahmen ein Familienerbstück und richtig viel wert!

Natürlich kam ich an diesem Tag nicht mehr zu meinem Frühjahrsputz. Weil bei Aufschieberitis, da kenne ich mich – was das Putzen betrifft – bestens aus! Eins habe ich dann aber doch noch geschafft, bevor die Kinder heimkamen. Seit Tagen beleidigte mich ein Fleck auf der Glasscheibe. Kennen Sie das, man putzt drei Minuten lang konzentriert einen Fleck weg – bis man merkt, dass er sich eigentlich auf der anderen Seite der Scheibe befindet? Nein? Na gut.

Daniela Oefelein
An: Susanne Waack
10.02.2015 10:08

Die Todfeinde meiner Haushalts- und Entrümpelungsdiät sind: Weihnachten und das liebe Taschengeld. Ich habe neue Mitbewohner: Slush, der Husky. North, ein Pinguin. Halloween, die Fledermaus, und Wishful, das Einhorn. Kennst du Glubschis? Gab es die zu Max' Grundschulzeit auch schon? Das sind extrem hässlich glitzernde Stofftiere mit riesigen Augen, die mich permanent vorwurfsvoll anglotzen, wenn ich in Lissis Zimmer Ordnung mache. Mich erinnern sie ein bisschen an Chucky, die Mörderpuppe. Die sitzen ganz still da und starren einfach doof vor sich hin. Sinnlose Staubfänger, von denen ich mich irgendwie bedroht fühle. Wie oft ich die schon in die Wertstoffhoftüte gesteckt habe, darf Lissi niemals erfahren. Leider wird ihr Todesurteil – jedes Mal wieder – von meinem schlechten Gewissen aufgehoben. Lissi vergöttert diese Stoffteile, und die gehen auch überall mit hin! Vielleicht organisiere ich bei unserem nächsten Ausflug, dass sie ausbrechen und nie mehr wieder kommen? Meinst du, dass Lissi mir diese Story noch abkauft?

Susanne Waack
An: Daniela Oefelein
10.02.2015 11:12

Du hattest deine Monchichi-Familie. Die war auch furchterregend. Trotzdem ist deine Mutter nicht in der Anstalt gelandet. Du wirst Lissis Herz brechen und sie wird dich – zu Recht – ächten. Ich gewähre ihr gerne Asyl, bis die Justiz dich – mit Höchststrafe – wegsperrt! Ich lebte jahrelang mit Buzz Lightyear unter einem Dach! Dank dir, ähm, dem Christkind! Was macht eigentlich deine »Haushalt leicht gemacht«-Gruppe?

Daniela Oefelein
An: Susanne Waack
10.02.2015 12:37

Ach, der Buzz war toll. Der konnte wenigstens die Flügel ausklappen und redete mit einem. Und dieser prima Laserstrahl. Unsere Treffen sind produktiv und lustig. Neulich waren wir bei Petra zu Hause. Sie wohnt in einer schicken Altbauwohnung mit großen Flügeltüren. Wir waren alle voll neidisch, weil bei ihr könnte »Schöner Wohnen« Werbefotos aufnehmen. Wir waren nur etwas verwundert, wie schnell sie ihr Haushaltsproblem in den Griff bekommen hatte. Nach zwei Gläsern Prosecco verriet sie uns ihr Geheimnis: Sie hatte alles, was nicht niet- und nagelfest war, einfach in den Ecken hinter den Flügeltüren verstaut.
Ich habe jetzt übrigens die Putzfrau einer Freundin, die auch unsere Wäsche macht! Simona, unsere neue Perle, fragte mich neulich ernsthaft, wo das Bügelbrett stünde? Die konnte nicht glauben, dass ich nicht mal ein Eisen besitze. Sie war verstört,

dass ich unsere Klamotten glattstreiche und dann zusammenlege. Hoffentlich kommt sie überhaupt nochmal?
Aber zurück zu den Treffen: Eigentlich lassen wir uns dabei nur über die Arbeit und die Familie aus und trinken Frohsecco. Eines der Mädels, meine Nachbarin, hat einen neuen Mama-Belohnungsmodus eingeführt. Sie steckt gerade noch im Testlauf. Immer, wenn sie etwas im Haushalt erledigt und geschafft hat, gönnt sie sich ein Glas Prosecco. Ich habe den Eindruck, sie übertreibt es dabei ein wenig! Neulich brachte sie den Müll raus und kurz darauf hörte ich einen Korken knallen. Es war 11:42 Uhr. Ihre Kinder waren nachmittags bei uns, weil ihre Mutter einen längeren Mittagsschlaf hielt. Höchstwahrscheinlich ist diese Art der Belohnung nicht mamatauglich! Aber es muss doch irgendetwas geben, das die Hausarbeit attraktiver macht, oder?

Susanne Waack
An: Daniela Oefelein
10.02.2015 17:27

Wünsch dir doch einfach einen Roboterstaubsauger! Auf den klebst du dann ein Foto von Ryan Gosling. Ryan saugt dann für dich! Wäre das nicht sexy?

Daniela Oefelein
An: Susanne Waack
10.02.2015 17:32

Klingt nach einer guten Idee. Oder doch besser Charlie Hunnam aus »Sons of Anarchy«?

Meine Schwester schwört ja auf ihre Flylady. Das ist so eine englische Internettante, die vom Haushalt überforderten Hausfrauen – auf Wunsch täglich, per E-Mail – kostenlose Tipps und Hausaufgaben für zu Hause gibt. Ihr Lebensmotto: »Make it fun, it will get done!« Ihre drei Grundsätze sind: Wenn man jeden Tag nur 15 Minuten Haushalt macht, ist das besser als nix. Man soll jeden Morgen das Bett machen und abends die Küche sauber hinterlassen. Man soll nie mit leeren Händen von einem ins andere Zimmer gehen. Erstens, mir gelingt es problemlos, in 15 Minuten großes Chaos zu schaffen. Zweitens, ob die überflüssigen Sachen jetzt im Wohnzimmer oder in meinem Büro liegen, ist doch auch egal! Und das mit der Küche versteht sich von selbst. Flyladys Streben ist es, aus allen Frauen züchtige Hausfrauen zu machen. Ganz ehrlich, in dieser Kategorie will ich keinen Preis für mein Lebenswerk erhalten. Außerdem brauche ich nicht noch jemanden, der in meinem Leben mitquatscht.

Meine Freundin Svenja hat den Haushalt einfach ihrem – Vollzeit arbeitenden – Mann übertragen. Vollzeit im Büro ist schließlich weniger stressig als Teilzeit plus drei Kinder, findet Svenja. Diese durchaus überzeugende Lösung allerdings würde bei mir bedeuten, dass der Haushalt streckenweise wochenlang brachliegt. Da packe ich dann doch schon lieber mal selbst zu.

Was mich definitiv besänftigt, ist, dass der Haushalt dem Großteil aller Mamas schrecklich auf den Senkel geht. Ist doch schön zu wissen, dass ich nicht alleine diesen Kampf führe. Über die Tatsache, dass ein kleiner Butterkeks – zerkrümelt – ein ganzes Stockwerk säuberungstechnisch lahmlegen kann, rege ich mich nicht mehr auf. Aber erst, seit es mir egal ist. Bis egal war es ein ganz schön langer und harter Weg. Weil so eine kleine Knabberei kann tatsächlich Grund für einen ganzen Hausputz sein. Unglaublich, was? Aber wem erzähl ich das, Sie haben das wahrscheinlich ja selbst oft schon erlebt, oder?

Oje, ich habe ein Schulkind — warum hat mich keiner gewarnt?

Irgendwas ist schiefgelaufen? Ich weiß nicht was. Ach doch. Ich bin seit 2013 eine Schulkindmama.

Auch in Daily Soaps gehen Kinder in die Schule. Nur sehen wir das nur ganz selten, denn in einer realistischen Schulklasse sitzen bis zu 25 Kinder, was produktionstechnisch natürlich ein echter Killer ist. Ob im Fernsehen oder im realen Leben – in Deutschland herrscht Schulpflicht. Das ist auch gut so. Nur leider ist dies das einzig Gute, das ich bis jetzt – für mich – an dieser ganzen Sache entdecken konnte. Denn auch in Sachen Schule ist Mama vom Staat verlassen! Während die Betreuungszeiten der Kitas und Kindergärten meist bis in die späten Nachmittagsstunden reichen, endet der Unterricht – in der Grundschule – schon gerne mal vormittags um 11:20 Uhr. Wie soll Mama da bitteschön noch arbeiten?

Es gibt zwei Möglichkeiten: Mittagsbetreuung oder Hort. Aber die Plätze reichen meist nicht für die komplette Schüleranzahl aus. Ungelogen, ich habe aus lauter Panik Lissi bereits als Dreijährige auf die Warteliste der Mitti unserer Grundschule setzen lassen. Ich hatte Glück. Aber was machen die arbeitenden Mütter, die keine Plätze bekommen? Nicht jede verdient genügend, um sich eine Privateinrichtung oder eine Nanny leisten zu können.

Laut Wikipedia stammt das Wort Schule vom griechischen Wort »schola« ab. Dieser Ausdruck steht für – und jetzt halten Sie sich bitte fest – freie Zeit und Nichtstun. Was Lissi da seit zwei Jahren leistet, hat garantiert nichts mit Müßiggang zu tun! Eigentlich wollten wir sie auf eine Montessori-Schule in der Innenstadt schicken. Das ist ein liebevoll gestaltetes Haus mit einem tollen Konzept. Wir gingen mit ihr zum Sommer- und Adventsfest und bekamen eine Zusage. Auch ihre zwei besten Freunde wurden dort aufgenommen. Doch Lissi wollte morgens nicht von einem Bus abgeholt werden. Sie wollte mit ihrer Freundin aus der Nachbarschaft zu Fuß laufen. Sie wollte nicht frei lernen, sie wollte eine Lehrerin, die ihr sagt, was sie zu tun hat. Und dem starken Willen eines Widders mit Aszendent Stier – zusammengerechnet vier Hörner – wollten wir uns nicht widersetzen. Lissi musste in die Schule gehen, ihr sollte es Spaß machen – nicht uns!

Diese Entscheidung stellte sich als goldrichtig heraus. Denn ihre besten Freunde haben mittlerweile Freunde am anderen Ende der Stadt, die sie nicht mal schnell nachmittags zum Spielen treffen und die ihnen im Krankheitsfall auch nicht die Hausaufgaben vorbeibringen können. Sie haben nicht mal einen gemeinsamen Schulweg.

Und tatsächlich, Lissi hatte den Sechser im Lotto. Ihre erste Lehrerin war toll – sie gewöhnte die Kinder spielerisch an die Schule. Sie hörten sich im Unterricht auch mal den Drachen Kokosnuss an, gingen Schlittschuhlaufen und besuchten Museen. Sie waren nur 21 Kinder – was tatsächlich eine kleine Klasse ist. Lissi liebt es, in die Schule zu gehen – für mich ist sie eine totale Strafanstalt.

Daniela Oefelein
An: Susanne Waack
10.10.2013 10:42

Liebe Susi, wieso hast du mir eigentlich nie gesagt, wie beschissen es ist, ein Schulkind zu haben? Horror. Um 6 Uhr weckert's und mein Tag ist gelaufen! Die erste Stunde verbringe ich komplett alleine, keine meiner Gehirnzellen ist wach! Das ändert sich dann leider auch den ganzen Tag nicht mehr. Ich habe mir letzte Woche »Wer wird Millionär« angesehen. Trotz 14 Punkten im Geschichte-Leistungskurs hatte ich keine Ahnung mehr, wann der erste deutsche Kreuzzug gegen Jerusalem stattgefunden hat. Ich wusste auch nicht mehr, wann das Bombenattentat auf dem Oktoberfest war. Die einzige Antwort, die mir locker über die Lippen kam, war: Beim Blick auf das Album zum 25-jährigen Jubiläum der »Fantastischen Vier« stellt man buchstäblich fest, das ist …? Nein, nicht a) Spitze. Auch nicht c) Nicht zu fassen. Und schon gar nicht d) Mir doch wurscht! Nein, das ist natürlich b) Rekord! Siehst du, wie ich mittlerweile geistig verrottet bin?? Spätestens in der dritten Klasse hat mich Lissi wissenstechnisch überholt! Hilfe.

Susanne Waack
An: Daniela Oefelein
10.10.2013 12:23

So wird es sein! Ich überlege gerade, ob wir Max in ein Internat stecken. Der ganze Schulärger im Gymnasium macht definitiv Familien kaputt. Also die der nicht so guten Schüler.

Hätte man mir im Jahre 2004 gesagt, dass eine Schulkindmama fünf Mal die Woche um 6 Uhr aufstehen muss, hätte sich mein Kinderwunsch sicher noch mal nach hinten verschoben.

Ich bin kein Frühaufsteher und will auch keiner sein. Doch der Staat zwingt mich dazu. Wieso müssen eigentlich kleine Kinder so früh in die Schule? In der zweiten Klasse sind sie circa einen Meter dreißig groß. Im Winter ist es stockdunkel, wenn Lissi aufbricht. Man sieht die Zwerge gar nicht zwischen den vielen Autos. Was spricht dagegen, dass die Schule erst um 09:00 Uhr beginnt? Das wäre in meinen Augen eine äußerst mamitaugliche Zeit. Lissi hat natürlich kein Problem damit, früh aufzustehen. Also kämpfe ich mich um 6:00 Uhr aus dem Bett und kümmere mich ums leibliche Wohl. Nur, was ist die richtige Brotzeit? Wenn es nach der Motte gehen würde, könnte Mama gerne jeden Morgen auch noch eine frische Semmel vom Bäcker holen. Die Nutellabrote werden natürlich immer gestohlen. Was steckt Mama also in die Brotzeitbox, damit es dann auch wirklich in ihrem Magen landet? Keine Ahnung. Ich habe ja früher auch immer die gesunden Brote meiner Mutter gegen Milchschnitten eingetauscht. Also, wieso stehe ich eigentlich um 6:00 Uhr auf? Ach ja, ich bin ja auch noch die Frühstücksbeauftragte.

Zurück zur Schule: Leider sind die Lehrer auch nur arme Opfer der fragwürdigen Bildungspolitik mit deren schwindelerregenden Reformen. In Lissis erstem Schuljahr hieß es, dass die Kinder so schreiben müssen, wie sie sprechen. Was für ein Schwachsinn. Da saß ich als Autorin neben meiner Tochter, die – dank Lehrplan – zu einer 1a-Legasthenikerin geschult wurde. Lissis Bericht über die Osterferien sah wie folgt aus: »Ich wa in den Osdaverien auv einem Reidahov. Mama wa mid dabai. Di Ferde standen im Geboide. Dange vür di schönen Dage.« Für die Schule war das völlig in Ordnung. Mir kam halt die Galle hoch, was ich Lissi natürlich nicht zeigte – man will sein Kind ja nicht verunsichern.

In den großen Sommerferien wurde dann von irgendeinem Schlaumeier eine neue Reform zu Blatt gebracht. Überraschung: Diese wollte, dass die Kinder – wieder von Anfang an – die Wörter richtig schreiben. Jetzt erklären Sie diesen Sinneswandel mal einer Zweitklässlerin, die ein Jahr lang dachte, dass sie schon richtig schreibt!

Und dieser G-8-Wahnsinn. Da wird einfach mal ein Schuljahr – aber leider kein Stoff – aus dem Lehrplan gestrichen. Und den Stoff kriegen die lieben Kinder dann als Hausaufgabe auf. Lissi sitzt jeden Nachmittag gut noch mal eine Stunde am Schreibtisch. Es gibt zwar in der Mitti eine Hausaufgabenbetreuung, aber trotzdem muss Mama das dann korrigieren. Deshalb ist es mir lieber, Lissi spielt mit ihren Freundinnen und wir erledigen das dann gemeinsam zu Hause. So weiß ich wenigstens, wo mein Mäuschen schultechnisch steht.

Ich kann mich noch so gut an meine Grundschulzeit erinnern. Susi, Steffi, Robert, Tassilo und ich verschwanden nach der Schule in dem Wald, an dem wir wohnten, und kamen erst zur Dämmerung wieder nach Hause.

Heute lastet ab der zweiten Klasse ein enormer Druck auf den Kindern sowie den Eltern. Denn natürlich will jede Mama, dass ihr Kind den bestmöglichen Schulweg einschlägt.

Ich wünsche Lissi, dass sie noch lange so viel Freude an der Schule hat. Anders als ich liebt sie Mathe und ist darin richtig gut. Deutsch kann man ja lernen, das ist – aus meiner Sicht – das kleinere Problem. Und was Noten betrifft, halte ich es als Mama so: Vier ist bestanden. Bestanden ist gut und gut ist fast eine Eins. (Hoffentlich bereue ich diesen Satz nicht schon in ein paar Jahren.)

14 Wochen Ferien – sechs davon am Stück?

14 x 5 = 70 Tage. Für diese Rechnung reicht auch mein mathematisches Verständnis – so viel Jahresurlaub hat keine angestellte Mama, und so viel Fremdbetreuung ist unbezahlbar! Und auch, wenn es beinahe unglaubwürdig klingt: Die Drehtermine meines Mannes fallen seit Jahren mit großer Treffsicherheit auf die Ferien. Also, wohin mit den Kindern? Glück haben diejenigen, deren Großeltern im Allgäu oder an der Ostsee wohnen, wohin man die Kinder – guten Gewissens – schon mal vorab in den Urlaub schicken kann. Ich kenne sogar Großeltern, die mit ihren Enkelkindern zum Campen gehen. Aber nicht immer haben Omas und Opas Zeit und Lust auf diese Anstrengung. Meine Eltern sind zum Beispiel noch sehr aktiv und selber viel auf Reisen. Deshalb kann ich auf Oma und Opa nicht zählen. Deshalb muss ich autark sein.

Schön ist es, wenn man andere Mütter findet, mit denen

man sich tage- oder wochenweise mit der Betreuung abwechseln kann. Vorausgesetzt, die Chemie der Kinder stimmt. Als Lissi noch im Kindergarten war, schickte ich sie gerne wochenweise zu Lilalu. Das ist eine Zirkusschule, wo man von Akrobatik bis Zebradressur alles erlernen kann. Lissi übte dort Einradfahren und Seiltrapez. Bei meinem dritten Versuch wurde der Kurs leider kurzfristig, wegen zu wenigen Anmeldungen, abgesagt. Da saß ich nun. Auf der einen Seite fixe Besprechungstermine, auf der anderen Seite ein Kind an der Backe.

Das war noch zu »Marienhof«-Zeiten. Ich hatte keine andere Wahl, als Lissi mit in die Arbeit zu nehmen. Ich parkte sie am Set, bei den Dreharbeiten. An diesem Tag wurden Krankenhausszenen mit der Rolle von Matthias Kruse, dem Direktor des Erich-Kästner-Gymnasiums, gedreht. Tatsächlich hatte der »Marienhof«, als er quotentechnisch noch gut lief, eine Schule. Natürlich gab es dort nur die älteren Jahrgänge, und irgendwann wurde diese Anstalt auch nur noch offig erzählt. Das heißt, es wurde nur noch im Dialog darüber gesprochen. Lissi war damals drei Jahre alt und sie erzählte noch monatelang, dass ihre Mama in einem Krankenhaus arbeite.

In den letzten Ferien hatte ich erneut einen Betreuungsengpass. Da ist mein Job natürlich wieder super: Lissi wurde an einem Tag bei »Dahoam is Dahoam«, einmal durch alle Sets geführt und bekam abschließend in der Maske eine tolle Frisur verpasst. Seitdem versteht sie natürlich nicht mehr, dass Mama über ihren Job schimpft, weil es dort doch »voll cool« ist. Eigentlich würde sie gerne die ganzen Ferien bei mir in der Arbeit verbringen. Die restlichen Tage parkte ich sie bei Oma und Opa, einer Freundin und ihren großen Cousinen. Was logistisch ein absoluter Wahnsinn war, weil die jeweils am anderen Ende von München wohnen.

Am liebsten sind mir die Arbeitskollegen, die mir zum Ferienanfang mitgeben: »Mei, hast du es gut!« Was ist bitteschön gut daran, dass ich dann 24 Stunden die Kinder an der Backe habe und gar keine Zeit mehr für mich?! Nach den Ferien ist eine Mama eigentlich immer erst mal urlaubsreif und freut sich wieder irre auf ihre Arbeit.

Stressfreier Urlaub – mit Kindern?

Ist das überhaupt möglich? Leider wurde mir auch erst mit der Einschulung bewusst, dass unsere Urlaube von nun an nur noch in den offiziellen Schulferien stattfinden würden. Was für ein Horror. An dieser Stelle rate ich allen Eltern von Kindergartenkindern, fliegt noch mal für vier Wochen am

Stück nach Thailand und zwar dann, wenn nicht alle anderen Deutschen dort relaxen! Ein Schulkind zu haben, bedeutet nämlich, dass man als Familie schon 12 Monate im Voraus wissen muss, wo man im nächsten Jahr urlauben will. Als Frühbucher kriegt man Familienrabatt – was zur Hauptferienzeit natürlich Augenwischerei ist, weil eh alles komplett überteuert ist. An- und Abreisetag sind die Samstage und an denen steht man im Sommer bekanntlich – europaweit – im Stau! Klang in meinen Ohren alles nicht sehr erholsam. Vor allem für zwei Freiberufler und Freunde der Individualreise.

Ich fühlte mich in meiner bisherigen Freiheit extrem eingeschränkt. Mal wieder musste eine Lösung her. Wie kann man also spontan sein, ohne am Ende im Urlaub leer auszugehen? Wir kauften uns einen Campingbus – und das ist das Beste, was eine Familie haben kann. Mit Kochnische, Hochbett und Vorzelt. Man fährt dorthin, wo die Sonne scheint, und kann zu jeder Tages- und Nachtzeit starten. Wir sind stolze Besitzer eines 12 Jahre alten Ford Nuggets. Unser erster Pfingsturlaub führte uns an den Gardasee. Ich kochte Muscheln mit Blick auf den See, die Kinder stromerten den ganzen Tag mit anderen Kindern herum – es war für alle herrlich entspannt. Ein kleiner Campingplatz, ohne Animation. Ich als Working Mum freue mich im Urlaub ja auch darauf, Zeit für meine Kids zu haben: Da wird geklettert, gewandert, gesurft und da werden nachts Taschenlampenwanderungen gemacht. Fun pur, da darf Mama auch mal wieder Kind sein.

Solange die Sonne scheint – leider kam damals der Regen ums Eck! Es wurde kalt und die Wetterprognosen waren für ganz Italien schlecht. Das Tolle war, dass wir unseren

Bus bis zur Abfahrt nicht mehr verlassen mussten. Das Zähneputzen erledigten wir in der Küchenzeile, dank einem Wassertank.

Als wir durch Südtirol steuerten, waren wir von wildem Schneefall umgeben – und das an Pfingsten. Aber das absolute Highlight – in den Augen der Kids – wartete in Penzberg auf uns. Plötzlich wurde der Bus immer langsamer. Ich zu Georg: »Wieso fährst du nicht schneller?« Georg (selbst verwundert): »Ich gebe Vollgas.« Ich blickte nach hinten und sah Rußwolken aus dem Auspuff qualmen. Wir erreichten gerade noch die Ausfahrt Penzberg, und der Bus blieb genau vor einer Autowerkstatt liegen. Leider war es Freitagabend, 18:20 Uhr. Kein Mechaniker weit und breit zu sehen. Es regnete in Strömen. Und es dauerte auch nur zwei Stunden, bis uns die gelben Engel abschleppen kamen. Aber das ist mit einem Bus alles völlig egal. Ich kochte uns Nudeln mit Tomatensoße und wir hörten lustige Kinder-CDs. Die Kinder fanden alles superspannend. Und nachdem der verrußte Katalysator ausgetauscht war, konnten wir weiterfahren.

Spaß machen zudem Ferien auf dem Bauernhof. Davon hat man auch noch weit über die Urlaubstage hinaus was. Zumindest geruchstechnisch. Dieser schöne Stallgeruch hängt noch wochenlang in allen Jacken- und Haarfasern, trotz Waschen. Aber trotzdem sind Bauernhofurlaube absolut nicht wegzudenken. Meine Kinder wissen, dass die Milch aus der Kuh und nicht dem Tetrapak kommt. Außerdem helfen sie so gerne im Stall mit, da kann Mama dann mal in Ruhe ihre »Gala« lesen.

Work-Life – und nichts in Balance!

So gerne ich Mama bin – nur Mama zu sein, reicht mir einfach nicht. Ich liebe meinen Job. Ich werde dafür bezahlt, schöne, traurige und lustige Geschichten zu erzählen. Ich kann hier mal ganz zufrieden feststellen, es hat sich absolut gelohnt, immer der Klassenclown gewesen zu sein.

Eigentlich wollte ich erst mal ein paar Wochen die Zeit für mich genießen, bevor ich mich wieder ins Arbeitsleben stürzte. Aber wie sehr ich meine Arbeit vermisste, fiel mir bei beiden Kindern jedes Mal nach der Eingewöhnung in der Kita auf. Müßiggang ist nichts für mich. In der ersten Woche genoss ich noch die freie Zeit. Ich machte Dinge, für die ich mit Baby nie Zeit gehabt hatte: Frühstücken im Lieblingscafé, eine Runde Schwimmen im Dantebad und entspannt eine Freundin treffen. In der zweiten Woche kam dann schon der Einbruch. Mama sitzt im Haus – und keiner ist da, mit dem Mama Quatsch machen kann. Plötzlich ist Mama unnütz. Mama bringt Kinder weg, Mama fällt die Decke auf den Kopf, Mama holt Kinder wieder ab. Mein Mama-Alltag jagte von einem öden Stopp zum nächsten: Waschkeller, Hausputz, einkaufen. Für diese Highlights lohnte es sich morgens ja nicht mal zu duschen. Es reichen zwei T-Shirts, zwei Jeans und ein Paar bequeme Schuhe. Die Haare stecken im Zopf.

Aber war das jetzt wirklich alles? Gab es da nicht noch das Leben vor dem Haushalt und den Kindern? Durfte ich in der guten alten Steinzeit nicht richtig tolle Sachen entscheiden?

Nicht nur, wer was anzieht und was es abends zu essen gibt? Und wurden diese Entscheidungen nicht auch noch gut honoriert? Dieses Urleben hatte doch auch irgendwie Spaß gemacht ...?

Daniela Oefelein
An: Susanne Waack
12.10.2013 13:25

Liebe Susi,
es ist wieder so weit. Charly ist jetzt eingewöhnt und von 8:00 bis 14:30 Uhr in der Kita. Diesmal bin ich übrigens Personalvorstand, na bravo. Mir fällt daheim die Decke auf den Kopf. Ich hab zwar zwei ganz große, tolle Projekte bei TV-Produktionen am Start – aber es geht nichts voran, weil die Sender sich nicht entscheiden können. Ich hab so richtig Bock, wieder zu arbeiten! Ich ertappe mich dabei, dass ich den Kühlschrank ganz ausräume und auswische und das sogar zweimal die Woche. Mir fehlt mein Job. Ich will mal wieder etwas bewirken, das nichts mit den Kindern zu tun hat.
Mein Frust eskalierte letzte Woche bei einem Elternabend der Kita. Es wurde gerade über die neuen Garderobenhaken diskutiert. Ohne Witz, ganze 35 Minuten lang, über so einen Quatsch. Plötzlich wachte die Producerin in mir auf. Ich stand auf und sagte laut in die Runde: »Wir verschieben die Sitzung, bis wir etwas Wichtigeres als Bärchen, Delfin oder Ameise zu besprechen haben.« Du hättest die Blicke der anderen sehen sollen. Ich hab mich dann wieder unauffällig hingesetzt. Es wurden: Igel, Elefant, Hase, Fisch, Raupe, Fuchs, Löwe, Käfer, Delfin, Bär, Giraffe, Krokodil und Pferd. Und glaub mir, diese Entscheidung war nicht einfach.

Susanne Waack
An: Daniela Oefelein
12.10.2013 14:05

Da werden Hund und Katze aber traurig sein. Ich habe ein Déjà-vu. Dir ging es bei Lissi auch schon so. Als du dann den Redaktionsposten bei »Marienhof« angenommen hast, warst du wie ausgewechselt. Ich glaube, du brauchst wieder einen Job, bei dem du dein Haus auch mal verlassen kannst. Bei dem du nicht immer nur allein in deinem Büro über Serienideen brütest, sondern wieder mit anderen durchgeknallten Freaks am Tisch über TV-Schicksale entscheidest. Hey Schildkröte, steck deinen Kopf mal aus deinem Panzer! Frische Luft und neuer Blickwinkel schaden nie.

Und so kam es, dass ich bei »Dahoam is Dahoam« landete. Eigentlich sollte ich die Redaktion vor Ort nur für fünf Monate übernehmen. Und auch nur für müttertaugliche zweieinhalb Tage pro Woche. Ich durfte mal wieder inhaltlich über Fernsehschicksale bestimmen. Diesmal über die Bewohner des fiktiven bayerischen Örtchens Lansing. Und ich fühlte mich gleich so sehr dahoam, dass ich nun schon über eineinhalb Jahre dort tätig bin. Wieder in einem Team zu arbeiten, macht wahnsinnig viel Spaß, und es blieb noch genügend Zeit für meine anderen Projekte. Bücher schreiben zum Beispiel.

Ich praktiziere nun also wieder den Working-Mum-Spagat. Das ist der einzige Sport, den ich überhaupt noch mache. Und so richtig beherrschen tue ich ihn auch nicht. Denn obwohl ich einen 50-Prozent-Job habe, arbeite ich gerne mal 80-prozentig – eine Rechnung, die natürlich auf Kosten meiner Kinder geht. Und da ich leider beide Jobs zu 120 Prozent erledigen will, stecke ich permanent in einem Interessenskonflikt.

Es ist ja nicht so, dass ich in meiner Vita oder beim Vertragsabschluss meine zwei Kinder verheimlicht habe. Trotzdem habe ich in der Arbeit oft das Gefühl, dass sie ein Problem sind. Klar, ich bin unflexibel, was Termine betrifft, weil ich es nicht vor 9:30 Uhr schaffe, am Drehort zu sein. Der ist nämlich auch noch 40 Minuten Autofahrt von unserem Zuhause entfernt. Es interessiert aber auch niemanden, dass mein Tag schon um 6:00 Uhr begonnen hat und ich bereits zwei Brotzeiten, das Frühstück für eine Familie und das Mittagessen und Abendessen für Kinder samt Nanny zubereitet habe. Ich hetze also von Termin zu Termin und fühle mich oft wie ein Hamster in seinem Rad. Kein Wunder, dass diese Tierchen so schnell verrecken.

Natürlich klappt das alles nur, weil eine Nanny einen Teil meiner Mama-Zeit ersetzt. Die Suche nach der perfekten Nanny ist definitiv ein eigenes Buch wert. Egal, welche Vermittlungsagentur, ich kenne sie mittlerweile alle. Für einen Halbtagsjob wie meinen muss die Nanny ja auch irgendwie finanzierbar sein. Eine professionelle Tagesmutter aber kostet nicht wenig. Außerdem sind die auch gerne mal extrem spaßbefreit und streng. Und wer will schon, dass seine Kinder von einem Drachen betreut werden? Meine Vorstellungsgespräche ähnelten teilweise dem Stelldichein in einem Gruselkabinett, wenn die Damen überhaupt zum verabredeten Termin erschienen sind. Es ist schier unglaublich, wer sich alles einbildet, Kinder betreuen zu können. Die Damen sahen auf den Bewerbungsfotos meist ganz nett aus und die Personenbeschreibungen klangen auch sympathisch. Aber kaum machten sie den Mund auf, fehlten entweder Zähne oder es kam kein gerader Satz heraus. Vom Alkohol- und Nikotingestank mal ganz abgesehen. Ein besonders niedliches Exemplar zeigte mir sogar ein Selfie – von sich und einem Typen beim Nacktbaden. Wer weiß, was so eine dann irgendwo über mein Familienleben postet? Diskretion ist wichtig. Es dauerte beide Male Wochen, bis ich fündig wurde.

Da die Nanny meine Kinder – und nicht mich – betreut, durften sich Lissi und Charly auch an diesen Gesprächen beteiligen. Lissi wollte von jeder wissen, ob sie Haare flechten kann oder einen Hund besitzt. Charly informierte alle, dass er am liebsten Eis isst.

Ich entschied mich für eine supersympathische Studentin. Die Kinder liebten sie. Das Ganze lief reibungslos – bis die neuen Stundenpläne der Uni vorlagen, die sich natürlich komplett mit meinen Arbeitszeiten kreuzten. Tja, blöd daran war nur, dass meine Arbeit trotzdem weiterlief und Georg wie immer unsichtbar war. Die Suche begann von vorn, diesmal unter extremem Zeitdruck. Und sie verlief ähnlich unerfreulich wie die erste. Meine Kinder wurden – drei Wochen lang – vogelwild in unserem Stadtviertel herumgereicht. Einmal wurden Lissi und Charly jeweils von den Müttern ihrer besten Freunde mitgenommen. Dort gab es dann einen Nachmittagssnack. Charly ging dann mit seinem Freund zum Schwimmkurs, saß doof am Rand und guckte zu. Lissi musste mit ihrer besten Freundin zum Flötenunterricht. Um 18 Uhr wurden beide Kinder bei einer dritten Freundin abgegeben, wo es Abendessen gab. Dort gabelte ich sie um 19:30 auf. Charly wild entschlossen, auch einen Schwimmkurs besuchen zu wollen, und Lissi mit der festen Absicht, wirklich niemals Flöte lernen zu wollen. Ich hingegen machte drei Kreuze, einen weiteren Nachmittag lang die Kinder gut verklappt gehabt zu haben.

Ich stand völlig unter Strom. Es gibt wirklich nichts Schlimmeres für eine arbeitende Mutter, als keinen Plan zu haben, wo die Kinder den nächsten Dienstag- und Donnerstagnachmittag verbringen werden. Und den Vätern ist die Suche nach Lösungen meiner Erfahrung nach im Normalfall völlig egal – da ist Georg sicher keine Ausnahme.

Dann endlich schien ich den perfekten Fang gemacht zu haben. Wir tauschten Autositze und Haustürschlüssel aus. Doch diese Dame bekam ein besseres Angebot und stellte mir in der Nacht vor dem Amtsantritt klammheimlich die Autositze vor die Türe und schmiss den Schlüssel einfach in den Briefkasten. Sie war telefonisch nie mehr erreichbar – und das trotz 30 Euro pro Stunde!? An diesem Morgen lief ich Amok und natürlich machte ich Georg dafür verantwortlich. Wen sonst! Bereits um 6 Uhr morgens lief mein Telefon heiß – da macht man sich natürlich nicht unbedingt nur Freunde. In solchen Situationen zeigt sich, ob Mütter wahre Freundinnen sind. Irgendwie halfen alle zwei weitere Wochen lang mit, bis ich die richtige Nanny gefunden hatte.

Aber natürlich kann auch die beste Kinderfrau mal krank werden. Was dann? Und wie schon erwähnt, es gibt 14 Wochen Schulferien. Es lohnt sich nicht zu arbeiten, wenn man für die Ferienbetreuung mehr ausgeben muss, als man netto verdient. Der Stress ist für alle umsonst. Da muss Mama eben unbezahlten Urlaub nehmen. Es ist ja nicht so, dass ich die bayerischen Schulferien erfunden hätte!

Daniela Oefelein
An: Susanne Waack
10.03.2014 19:08

Du willst wirklich wissen, wie meine erste Arbeitswoche war? Mein erster Arbeitstag fing so an. Lissi: »Mama, geht es dir nicht gut?« Ich: »Wieso sollte es mir nicht gut gehen, Mäuschen?« Lissi: »Du siehst so dunkel um die Augen aus.« Ich (empört): »Ich bin geschminkt!« Und es waren wirklich keine Augenringe! Notiz an mich: Nerve Susi nie mit den Umständen, in denen du dich jetzt wieder befindest. Du alleine hast das so gewollt. Kämpfe mit den Geistern, die du riefst. Und bitte würdevoll! Arbeit + 2 Kids = Scheiße^3 – mehr sag ich nicht.

Der perfekte Arbeitstag einer Mama bräuchte – wie ein Drehtag – eine eigene Dispo. Für jeden Dreh gibt es eine Tagesdispo. Diese legt exakt fest, wer wann wo zu sein hat. So weiß wirklich jedes Department – vom Schauspieler über die

Maske, das Kostüm, die Ausstattung, den Regisseur bis hin zum Praktikanten –, was wann zu tun ist. So ein Drehtag ist komplett durchgetaktet. Aber der Arbeitstag einer Mama steht und fällt mit den Kindern. Ich sage nur: unplanbar. Früher war da nur ich. Ich saß auch mal mit einer Mittelohrentzündung in meinen Sitzungen. Im schlimmsten Fall war ich per Telefonkonferenz anwesend. Das passierte höchstens zweimal. Die Ur-Daniela war immer pünktlich. Heute habe ich das naturgemäß nicht mehr ganz so im Griff ...

Da Lissi ja schon Schülerin ist, geht sie in der Früh vor mir aus dem Haus. Charly ist mittlerweile ein Langschläfer. Wenn er früh aufwacht, laufen meine Arbeitstage gut – ansonsten bin ich unter Druck und zu spät. Wofür Charly aber nichts kann. Er ist ja noch ein Kind, er soll sich nicht hetzen. Meine Pünktlichkeit wird zudem gerne mal vom Verkehr ausgebremst, den ich leider auch nicht steuern kann. Deshalb stehe ich permanent unter Strom – weil ich natürlich beide Jobs zu 100 Prozent machen will. Aber es gibt noch so viele andere Faktoren, die eine Mama fremdbestimmen: zum Beispiel Unfälle und Krankheiten.

Es war ein Donnerstag im Juli. Charly stand spät auf. Fragen Sie mich bitte nicht, wie, aber ich schaffte es tatsächlich, um Punkt 9:00 Uhr in Dachau zu sein. Ich hatte mich gerade mit einem Kaffee zu einer internen Vorbesprechung mit meiner Chefin gesetzt – da klingelte mein Handy. Charly war gestolpert und hatte direkt am Auge eine Platzwunde. Diese 40 Minuten Fahrzeit, in denen ich nicht wusste, wie es meinem Baby geht, waren grauenvoll. Ich war so zittrig, dass ich im Nachhinein froh bin, keinen Unfall gebaut zu haben. Erst als ich meinen kleinen Lauser in den Armen halten konnte, beruhigte ich mich einigermaßen. Der ganze morgendliche

Stress und meine stundenlangen nächtlichen Vorbereitungen auf diesen Termin waren umsonst, die Chefin entnervt und Mama schon um 10:00 Uhr völlig fertig mit den Nerven. Eigentlich genau der richtige Moment für einen Frohsecco.

Und was ist, wenn die Kinder mal richtig krank sind? Wenn hohes Fieber oder Ansteckungsgefahr im Spiel sind? Kranke Kinder brauchen ihre Mama – die Sitzungen leider auch. Dieses Dilemma ist der Oberdreck, und man sucht sich das als Mama wirklich nicht aus. Trotzdem habe ich dann oft an allen Fronten das Gefühl, dass ich etwas falsch gemacht habe. Und komme mir dabei vor wie eine munter zappelnde Marionette, die an vielen Schnürchen hängt – wer auch immer die Fäden in der Hand hat, ich bin es häufig nicht.

Es gibt natürlich auch gute Tage. Dann läuft morgens alles nach Plan. Mama ist schick, entspannt und fühlt sich gut. Bis zu dem Moment, in dem mir auffällt, dass mir keiner in der Besprechung mehr in die Augen schaut – sondern immer knapp daran vorbei. Und wenn ich dann diesen Blicken folge, muss ich die grausame Wahrheit erkennen. Dass es nämlich irgendeinem Kind in der Früh doch noch gelungen ist, seine Rotznase an meiner Schulter abzuwischen. Oder dass der Kater meiner Strumpfhose, die ich – im schlimmsten Fall –

morgens verkehrt herum angezogen habe, heimlich eine Laufmasche verpasst hat. Nein ich übertreibe nicht, das ist mir alles schon passiert.

Oder ich stelle in der Sitzung fest, dass ich mein Handy zu Hause liegen gelassen habe und somit im Notfall nicht erreichbar bin. Wie soll ich dann noch hundertprozentig bei der Sache sein? Das ist schwierig, denn Mamas sorgen sich eigentlich immer und ohne Handy noch mehr. Also mir geht es zumindest so.

Dank der lieben Arbeit stecke ich zudem permanent in einem Gewissenskonflikt. Sicher tut es gut, zweimal die Woche mit Menschen am Tisch zu sitzen, die wissen, wie man mit Messer und Gabel isst. Es macht auch irre viel Spaß, wieder im Team große dramaturgische Bögen für die Familien Brunner und Kirchleitner, Moni Vogl, Benedikt Stadlbauer und Co. aus »Dahoam is Dahoam« zu plotten. Aber diese Termine finden an Nachmittagen statt, an denen Lissi und Charly dann eben fremdbetreut werden. Sollte sich nicht besser ihre Mama um sie und ihre Freizeit kümmern? Die Tatsache, dass ich eine fremde Person dafür bezahle, dass sie mit meinen Kindern Weihnachtskekse bäckt oder Hausaufgaben macht, fühlt sich für mich absolut falsch an. Das ist doch der Job einer Mama! Eigentlich sollte Mama das Ohr sein, das zuhört, wenn man in der Klasse mal wieder ausgeschlossen wurde. Mama sollte die tröstenden Worte finden, wenn eine Probe schlechter ausfiel als erwartet. Mama sollte es Charly ermöglichen, dass auch er als Zweitgeborener einmal pro Woche eine Musik- oder Sportgruppe besuchen kann.

Aber die Kinder profitieren natürlich andererseits davon, wenn ich arbeite. Denn die Urlaube, Reitstunden und Wochenendausflüge müssen ja auch bezahlt werden. Ich will zum Haushaltsbudget beitragen, wieder finanziell auf eigenen Beinen stehen und auch Geld auf die Seite legen können. Nur fürs Mamasein zahlt mir später keiner eine Rente! Diese Arbeit wird vom Staat nicht honoriert. 365 Tage kostenlose Mamaarbeit pro Jahr sind selbstverständlich. Und das in einem Sozialstaat!

An den Tagen, an denen mir der Working-Mum-Zwiespalt ganz übel die Laune verhagelt, tröste ich mich damit, dass es auch Mamas gibt, die volle fünf Tage arbeiten müssen und gar keine Wahl haben. Trotzdem vermisse ich die verpasste Zeit mit meinen Kindern und lebe mit meinem neuen Freund, dem schlechten Gewissen.

Es gibt aber auch oft Momente, in denen ich abends auf dem Sofa sitze, den Tag noch mal an mir vorbeiziehen lasse und mir denke: Wow, das hab ich heute alles geschafft – an nur einem Tag! Das fühlt sich natürlich saugut an – da kann Mama schon auch mal ein bisschen stolz auf sich sein. Das sind meist die Tage, an denen ich fokussiert durch meinen Alltag geschossen bin und intuitiv die Sachen weggelassen habe, die nicht so wichtig sind. Vielleicht sollte ich einfach mal meinen Anspruch an mich – immer alles hundertprozentig wuppen zu wollen – runterschrauben. Mich endlich mal lockermachen und dem Lauf der Dinge vertrauen. So wie bei meinem Haushalt, da klappt es ja schon sehr gut. Was meinen Sie?

Ende

Abspann

Daniela Oefelein
An: Susanne Waack
25.01.2015 13:25

Und? Hast du mein Buch schon gelesen?

Susanne Waack
An: Daniela Oefelein
25.01.2015 13:27

Ich bin sprachlos.

Daniela Oefelein
An: Susanne Waack
25.01.2015 13:28

Gut sprachlos oder schlecht sprachlos?

Susanne Waack
An: Daniela Oefelein
25.01.2015 13:30

Sprachlos erschüttert.

Daniela Oefelein
An: Susanne Waack
25.01.2015 13:33

Oh. Ich jetzt sprachlos irritiert.

Susanne Waack
An: Daniela Oefelein
25.01.2015 13:36

Also, dass du wirklich diesen ganzen E-Mail-Verkehr noch auf dem Rechner hast, zeigt, wie sentimental du bist! Hatten wir wirklich all diese Gespräche?

Daniela Oefelein
An: Susanne Waack
25.01.2015 13:42

Ja. Glaub schon.

Susanne Waack
An: Daniela Oefelein
25.01.2015 13:46

Bist du dir wirklich, wirklich sicher?

Daniela Oefelein
An: Susanne Waack
25.01.2015 13:50

Willst du etwa behaupten, ich habe das alles nur erfunden?

Susanne Waack
An: Daniela Oefelein
25.01.2015 13:53

Besser gesagt – mal wieder übertrieben? Hoffentlich geben dich Lissi und Charly nicht zur Adoption frei!

Daniela Oefelein
An: Susanne Waack
25.01.2015 13:56

Wahrscheinlicher ist, dass Georg die Scheidung einreicht!

Susanne Waack
An: Daniela Oefelein
25.01.2015 14:00

Abwarten. Du hast wirklich noch alle meine alten Briefe? Unter keinen Umständen wirst du an meinem 50. Geburtstag eine Rede halten! Das nächste Mal, wenn ich bei dir bin, setze ich deinen Keller in Brand.

Daniela Oefelein
An: Susanne Waack
25.01.2015 14:03

Gut. Dann hab ich wenigstens dieses Problem von der Backe!

Auch andere wunde Punkte sind erledigt: Charly trägt keine Windel mehr. Und die letzte Stinkbombe dieser Art hat scheinbar auch gleich die Trotzphase mitgenommen. Beide haben sich in Luft aufgelöst.

Sogar die Tischsituation hat sich entspannt. Wahrscheinlich war die Windel auch daran schuld, dass Charly nicht am Tisch sitzen bleiben konnte. Beide Kinder fragen – seit Neuestem – nach dem Essen, ob sie aufstehen dürfen. Das ist fast schon ein bisschen gespenstisch. Beide Kinder haben Hochbetten bekommen und schlafen nun in ihren Zimmern. Ich komme mir nachts teilweise richtig verloren vor. Nur eines hat sich nicht geändert: Als Georg vor zwei Wochen auf Teneriffa drehte, hatten Lissi und ich die Influenzagrippe, und Sie werden es nicht glauben, Frau Waschmaschine gab zeitgleich den Geist auf. Herrn Trockner nimmt das ganz schön mit – er steht ziemlich verloren auf seinem Podest. Natürlich habe ich schon einen Recast[1] bestellt. Und ich habe Ende Juli – schweren Herzens – meinen Job bei »Dahoam is Dahoam« beendet. Ich widme mich neuen Fernsehprojekten und meinem zweiten Buch. Nebenbei werde ich mich intensiv um die Realisierung meiner Mütterrechte kümmern.

Und Sie? Wie geht es Ihnen nach all den Seiten? Ich mache jetzt Schluss, weil meine Kinder Hunger haben und auf das Abendessen warten. Bleibt mamaseits nur noch ein Wunsch: Halten Sie durch und machen Sie es besser!

---

[1] *Neubesetzung einer Serienfigur – falls ein Schauspieler mal krank wird oder aussteigen will.*

Outtake

Finden Sie auch, dass ich mir als Mama zu viele Sorgen mache? Kann schon sein. Aber ich und meine positive Lebenseinstellung wurden im Jahr 2005 einmal ordentlich von links auf rechts gedreht. Und der Heftigkeit meiner Gefühle bin ich seitdem nicht immer gewachsen.

Obwohl ich so extrem gerne lache und albern bin, bin ich auch nah am Wasser gebaut. Viele kleine Momente lassen mich in Tränen ausbrechen – egal, ob witzig oder traurig. Sogar wenn ich Geschichten im Team plotte oder in einer visuellen Abnahme sitze: Ich weine! Und es ist mir egal – weil mich das Leben eben berührt. Was ich am Morgen des 20. Februar 2005 und in den Monaten und Jahren danach erlebt habe, ist der Teil meines Lebens, der mich das erste Mal richtig emotionale Tiefe hat fühlen lassen und die Liebe für meine zwei lebenden Kinder so fundiert hat. Ich musste schmerzhaft erfahren, dass Totgeburten häufiger vorkommen, als man denkt – und dass das Leben trotzdem weitergeht. Dass man irgendwann wieder lacht, Witze macht, atmet und glücklich ist. Dieses Kapitel ist für alle, die wie ich ein Kind ins Grab tragen mussten. Meine Lucie hatte dieses Jahr ihren 10. Geburtstag. Und dank meiner Familie und meiner Freunde bleibt sie unvergessen und hat ihren Platz in unserer Mitte. Lucie ist allgegenwärtig. Sie lebt mit uns: still und leise.

Jähes Ende

In der Nacht vom 18. Februar 2005 nahm der Druck in meinem Bauch zu und die Wehen begannen. Mit dem Einsetzen der Wehen konnte ich die Bewegungen meines Kindes immer weniger spüren. Natürlich erklärte ich mir das so, dass das Baby sich nun auch auf die Geburt vorbereitete und deshalb ruhiger wurde. Ich kreiste mit den Hüften bis zum nächsten Mittag, übte das richtige Schnaufen und informierte die Großeltern, dass sich ihr erstes Enkelchen nun auf seine große Reise machte.

Ein Taxi brachte uns im absoluten Schneechaos in die Maistraße. Noch im Auto gestand ich Georg, dass ich das Baby gar nicht mehr spürte. Im Krankenhaus sollte uns bei der Geburt eine siebzigjährige Koryphäe der Geburtsmedizin begleiten. Als hätten wir von Anfang an gewusst, dass wir eine Sonderbehandlung brauchen würden.

Eine Hebammenschülerin legte mich auf eine Liege. Ich machte den Bauch frei und sie versuchte einen Herzton zu finden. Vergebens. Ich werde diese Totenstille nie vergessen. Einfach nur Stille und das Rauschen meines Bluts. Die Schülerin wurde nervös. Georg und ich schauten uns an und ließen unseren Tränen freien Lauf.

Wir brauchten keinen Oberarzt. Uns beiden war sofort klar, dass ich Tod auf die Welt bringen würde, anstatt unserem ersten Kind das Leben zu schenken. Wir hatten uns so darauf gefreut, dass Georg heute die Nabelschnur durchschneiden würde und wir endlich unseren Sohn oder unsere Tochter in die Arme schließen könnten. Wie konnte etwas so Schönes plötzlich so furchtbar hässlich sein? Darauf hatte uns keiner vorbereitet!

Georg saß neben mir, wir hielten uns an den Händen und weinten. Als der Oberarzt nach fünf Minuten kam, standen wir beide bereits unter Schock. Ich nahm nicht mal mehr den Wehenschmerz wahr, obwohl die Abstände mittlerweile schon sehr kurz waren. Woran ich mich aber noch haarscharf erinnere, ist, dass man tatsächlich von mir verlangte, nun in den Kreißsaal zu gehen, um dort das Baby normal zu entbinden! Was normal entbinden? Mein totes Kind? Was kann daran bitte normal sein? Für Notfälle gibt es doch die gottverdammten Kaiserschnitte? Und das hier war verdammt nochmal ein Notfall! Ein ziemlich beschissener sogar. Ich war fest entschlossen, mich unter keinen Umständen in einen Kreißsaal zu legen, zu hecheln und zu pressen und mich auf nichts mehr freuen zu können. Bei einem toten Baby ist es doch egal, ob Junge oder Mädchen! Ich wollte selbst tot sein. Ich wollte, dass mich jemand aus diesem Albtraum weckte. Aber es passierte nichts, im Gegenteil.

Der Arzt erklärte mir ruhig und sachlich – so, als ob nichts passiert wäre –, dass keine medizinische Indikation für einen Schnitt, der nur zusätzlich eine Gefahr für mein Leben bedeuten würde, vorliege. Ich wollte nur fort von diesem Ort. Raus. Ich wollte die Zeit wieder zurückdrehen. Ich wollte daheim sein, das Leben in meinem Bauch spüren. Nochmal den Kinderwagen, das Bettchen und die Babyklamotten aussuchen, das Kinderzimmer einrichten. Mir mit Georg ausmalen, wie lustig und turbulent unser neues Leben zu dritt sein würde.

Ich rief meine Eltern an und ließ sie wissen, dass ihr erstes Enkelchen leider ein Engelchen werden würde. Meiner Schwester zu sagen, dass mein Baby tot ist, war am schlimmsten. Sie war damals im siebten Monat schwanger.

Lucie kam am Sonntag, den 20. Februar um 8:34 Uhr auf die Welt. Sie war – im wahrsten Sinne des Wortes – ein Sternenguckerkind. Sie würde von nun an unsere erstgeborene Tochter und unser Schutzengel sein. Die Geburt war – trotz aller Umstände – machbar. Irgendwann war der Wehenschmerz so stark, dass ich einsah, das Baby gehen zu lassen. Es gab kein Zurück mehr. Nicht für sie, nicht für mich. Ich hatte die Kontrolle über unser Glück verloren und gab mich geschlagen.

Als mich die Hebamme während der Geburt fragte, ob ich mein Baby nach der Entbindung in den Arm nehmen wolle, dachte ich nur, wer ist diese Frau, die so was Abartiges von mir verlangt? Im Nachhinein war ich froh, dass sie an unserer Seite stand. Sie hat viele Entscheidungen getroffen, die wichtig für uns waren. Sie begleitete mich auch in den Wochen danach. Manuela war der Beweis dafür, dass das alles wirklich passiert war und ich mir die zehn Monate davor nicht nur eingebildet hatte.

Manuela legte mir Lucie – in ein Handtuch gewickelt – mit den Worten »Das ist eure Tochter Lucie« in den Arm. Jetzt war sie da. Lucie war wunderschön. Ein ganz zartes, blondes Wesen. Sie war so still – zu still! Sie sah so friedlich aus, wie ein Baby, das schläft. Nur ihre Lippen waren einen Tick zu dunkelrot, da das Blut schon geronnen war. Wir waren jetzt Mama und Papa von unserer Tochter Lucie. Dem Baby, mit dem wir zwar noch einen halben Tag verbringen sollten, mehr aber nicht. Das war zu kurz. Das war ungerecht und mies. Glückliche Eltern sehen anders aus.

Wir würden Lucie nie heranwachsen sehen. Wir würden sie nicht bei ihren ersten Schritten an den Händen halten, wir würden sie nie »Mama« und »Papa« sagen hören. Sie würde uns nicht mit Entwicklungsstörungen, Kinderkrankheiten, Trotzphasen, Schul- oder/und Pubertätsproblemen nerven. Trotzdem hatte dieser kleine Engel – in seiner kurzen Erdenzeit – bereits so viel bewirkt. Sie hatte aus Georg und mir wieder ein Paar und Eltern gemacht – wenn auch zunächst sehr traurige!

Alles, was dann geschah, war Satire pur. Man brachte uns auf die Krebsstation – damit wir keinen glücklichen Neumamas und -papas mit ihren Babys begegneten. Wir hatten Lucie in einem Bettchen bei uns, wie normale Eltern auch. Nur war unser Bettchen beim Transport mit einem Tuch abgedeckt. Meine Eltern sowie meine hochschwangere Schwester kamen und nahmen Abschied von ihr. Meine Schwester legte sich mit ihrer Kugel zu mir ins Bett und streichelte ungläubig mein Baby. Niemand fand Worte, alle weinten still vor sich hin. Ein Pfarrer kam und gab Lucie den letzten Segen. Irgendwann gegen drei Uhr nachmittags sagten wir Lebewohl, und die Krankenschwester nahm das Bettchen mit unserer Lucie mit.

Erst heute – zehn Jahre später – kann ich mir vorstellen, wie schlecht es meiner Mutter in diesen Tagen ging. Ich bin immer noch ihr Baby, ihre Tochter, und sie konnte mir weder die Geburt noch die Beerdigung meiner ersten Tochter noch die Trauer und die trostlosen Monate danach abnehmen. Sie war machtlos, genau wie ich. Und als Mama würde man sich lieber ein Bein abhacken, als das eigene Kind so leiden zu sehen.

Es wurden alle Schwangerschaftspapiere eingefordert und schnell stand fest, dass mein behandelnder Arzt nicht bemerkt hatte, dass Lucies Herzschläge in der Woche vor der Geburt deutlich geringer geworden waren. Man riet uns, vor

Gericht zu gehen. Doch uns fehlte die Kraft. Kein Schmerzensgeld der Welt würde unsere Lucie wieder lebendig oder das Ganze ungeschehen machen.

Susanne Waack
An: Daniela Schaefer
20.02.2007 17:00

Liebe Daniela,
deine Schwester rief mich gerade an. Mir fehlen die Worte. Wir werden deine kleine Maus vermissen. Wenn ich irgendwas tun kann, lass es mich wissen. Ich werde am 26. an deiner Seite sein.
Halte durch.

Deine unglaublich traurige Susi

Man behielt mich noch ein paar Tage im Krankenhaus. Die Zeit verflog, weil ich von dort aus die Beerdigung organisierte. Ich wollte keine Kränze, keine schwarze Kleidung. Alles sollte bunt und fröhlich sein. Farbige Gasluftballons sollten das Grab verzieren. Es war doch die einzige Kinderparty, die ich je für Lucie würde organisieren können.

Sie machten ziemlich sinnfreie Tests mit mir, um festzustellen, ob ich selbstmordgefährdet war. Die Fragen waren so durchschaubar, dass ich dem Professor auf den Kopf zusagte, dass ich mich, wenn ich sterben wollte, bereits am Geburtstag erhängt hätte. Kurz darauf wurde ich entlassen.

Das Nachhausekommen fühlte sich völlig falsch an. Die Babyschale blieb leer, der Winteranzug unbenutzt. Wie viel Gedanken hatte ich mir doch über das erste Outfit unseres

Babys gemacht! Unisex, aber niedlich. Ich kam – nach einem Höllenritt – an den Ort zurück, wo ich nur fünf Tage zuvor noch der glücklichste Mensch der Welt gewesen war. Jetzt war alles anders.

Das Babyzimmer war ausgeräumt. Freunde von uns hatten es – in der Zwischenzeit – wieder in mein Büro umgewandelt. Ich wusste, ich würde in dieser Wohnung nie mehr ein Drehbuch schreiben oder über eine lustige neue Idee nachdenken können. Hier war nicht mehr mein Zuhause. In diesen Wänden würde ich täglich daran erinnert werden, was man mir genommen hatte. Ich durfte hier keine Mama und Georg kein Papa sein. Warum sollten wir an diesem Platz bleiben? Wir hatten doch extra unsere schicke Dachterrassenwohnung verlassen, um familiengerecht zu wohnen. Nur, wir waren keine Familie. Unsere Tochter würde nie auf dem Spielplatz im Hof herumtoben. Ich wünschte mir sogar, ich wäre nie schwanger geworden!

Georg suchte mit meinen Eltern ein sonniges Familiengrab aus und anstatt unser Kind im Kinderwagen durch die Au zu schieben, betteten wir es in einen kleinen weißen Sarg. Am 26. Februar beerdigten wir Lucie im engsten Familien- und Freundeskreis.

Ich weiß nicht, woher Georg die Kraft nahm, aber er trug ganz alleine den Sarg seiner Tochter von der Aussegnungshalle bis zum Grab. Dort lag eine Marmorplatte, auf die wir Lucies Fußabdrücke in Gold gravieren hatten lassen. Die Abdrücke hatte Manuela für uns gemacht. Der Trauerspruch lautete: »Irgendwo im dunklen Winter warten die Blumen des Frühlings«. Mir war klar, dass es irgendwann wieder besser gehen würde. Doch irgendwann schien mir damals noch verdammt weit weg.

Daniela Schaefer
An: Susanne Waack
26.02.2005 20:42

Liebe Susi,
du wirst nicht glauben, was heute Nachmittag noch passiert ist. Die Friedhofsverwaltung West rief doch tatsächlich bei mir an, weil sich wohl irgendein Friedhofsbesucher über die »geschmacklosen« Luftballons – rote Herzen an einem Kindergrab – beschwert hatte. Sie baten mich, diese noch heute zu beseitigen. Um Ärger zu vermeiden, fuhr ich nochmal mit meiner Familie hin. Jeder bekam Ballons in die Hand. Wir checkten die Windrichtung und ließen den Dingern freien Lauf. Die Ballons stiegen zunächst auf und flogen in die Freiheit. Auf circa 30 Metern Höhe drehte der Wind so, als ob Lucie gepustet hätte – nur um zu sagen: »Halt, das ist meine Party und die Dinger bleiben hier!« –, und die Deko verhedderte sich auf 25 Metern Höhe in der großen Linde, direkt links vom Grab. Entweder lässt die Friedhofsverwaltung West nun die Feuerwehr anrücken, oder Lucie hat den Rest des Winters eine schöne Aussicht. Danke, dass du heute an meiner Seite warst. Sei mir bitte nicht böse, wenn ich mich erst mal zurückziehe. Drück deinen Max. Ich werde ihn wohl eine ganze Zeit lang erst mal nicht sehen wollen. Entschuldige.

Deine Daniela

Danksagung

Als Erstes danke ich herzlich der Agentur, die jetzt zum Telefon greift und mich endlich unter Vertrag nimmt! Ich hasse Honorarverhandlungen. Natürlich werde ich – wie dramaturgisch ratsam – erst einmal mangelndes Interesse heucheln.

Lieber Georg, dir gilt ein ganz besonderer Dank: Du erträgst meine Liebe, Spinnereien und Launen, und das nun schon seit unglaublichen 16 Jahren. Von deiner Geduld hätte ich gerne ein Stück ab. Wir haben zwei fantastische Kinder, unsere Lissi und unseren Charly. Du bist der beste Papa, den man sich für seine Kinder wünschen kann – auch wenn du mal wieder länger weg bist. Die Zeit, die du für uns da bist, gibst du immer 237 Prozent für uns. Das wissen wir sehr zu schätzen. Dass du mir während der Entstehung dieses Buches komplette Rückendeckung gegeben hast, macht dich so besonders. Und dass dir das Buch auch noch gefällt, noch mehr. Ihr drei seid mein Universum – bei euch bin ich dahoam. Dank euch weiß ich, ich habe Millionen Legionen hinter mir.

Meinen Eltern und meiner Schwester zolle ich vollsten Respekt – es grenzt an ein Wunder, dass ihr mich in den letzten 42 Jahren nicht mehrmals verstoßen habt. Es tut gut, zu wissen, dass ich so einen liebevollen Rückhalt bei euch genieße.

Liebste Susi, es tut mir schrecklich leid, dass unsere Privatsphäre jetzt kaputt ist – aber was soll's!? Ich brauchte das Geld! Du bist die beste Freundin der Welt, auch wenn wir uns so selten sehen.

Liebe Marlene, was hätte ich nur im letzten Jahr ohne unsere immer komischen und beflügelnden Mittagessen beim Thailänder gemacht? Wahrscheinlich hätte ich auch dann dieses Buch geschrieben, nur leider hungrig! (Extra für dich – an dieser Stelle – meine geliebten Gedankenstriche. Best Co-Autorin ever!)

Lieber Brust Willis, es ist mein unglaublicher Luxus, einen Ersatzmann wie dich zu haben. Nichts genieße ich mehr, als mit dir zusammen peinlich zu sein. Aber eine Bitte habe ich noch: Schau mich bitte dabei nie wieder so verheiratet an! Wapp, wapp.

Meine Mädels aus der Dahoam-Redaktion – Daniela, Marlies und Vroni –, ihr habt mitgefiebert, mitgelitten und mir den Rücken freigehalten. Dankeschööön!

Ein Grazie Mille geht an die komplette Dahoam-Crew, die sich meine Spinnereien rund ums Buch immer so brav angehört hat.

Ein bombastisches Thank you an alle meine Freunde, die mich schon so lange begleiten und die mit mir so unvergessliche Urlaube und irre Ausflüge gemacht haben und mich trotz all meiner Denkwürdigkeiten für gut befinden. Ich habe wahrscheinlich zu Recht den Spitznamen Crazy D. – aber in Langweilig und Erwachsen wird es mich halt nie geben. Never ever.

Liebe Claudia Weikert: Ihre wundervollen Illustrationen geben diesem Buch erst den perfekten Feinschliff. Ich bin überwältigt. Übrigens, diese Figur – die hätte ich gern!

Ein besonders fettes Merci geht aber an meine Lieblingslektorin Billie. (Du bist ja auch meine erste.) Wie toll, dass du mir diesen Titel in die Hände gelegt hast. Unsere Besprechungen auf meiner Terrasse waren lustig, inspirierend und dramaturgisch absolut fundiert. Wir hätten unbedingt mehr Frohsecco trinken müssen. Das holen wir dann aber bei den Besprechungen zu meinem zweiten Buch »Die Tinte ist leer« und meinem dritten Werk »Jetzt steh ich hier oben und hab Höhenangst« nach – die hoffentlich auch wieder in eurem Verlagshaus erscheinen werden!

Ein besonders großer und ehrfürchtiger Dank geht an alle im Verlag, die bei der Realisation des Buches mitgewirkt und an mich und meine Fähigkeit als Autorin geglaubt haben.

Ich schrieb mir einen Teil meines Lebens in Erinnerung.

Danke,
eure *Daniela Oefelein*

P. S.: Wow, ich habe mich tatsächlich kurz gefasst. Falls ich jemanden vergessen hab, liegt es wahrscheinlich daran, dass meine Lektorin ihn rausgekürzt hat! Die ist überhaupt an allem schuld …

Sind Ihre Kinder auch ... einfach ... unglaublich?

Ich kümmere mich jetzt noch intensiver um unser aller Mütterrechte und denke ernsthaft drüber nach, den Blog mamakotzsichaus.de zu eröffnen. Dann können zur Abwechslung auch mal Sie aus dem Nähkästchen plaudern. Lust? Dann nix wie los …

Viel Spaß!
Ihre
Daniela Oefelein

www.mamakotzsichaus.de